Be Sassique

100% Girlpower

200 kreative Ideen fürs ganze Jahr

riva

Hi, ich heiße Saskia!

Unter dem Namen *Be Sassique* teile ich auf Instagram, TikTok und Youtube coole DIYs, spannende Lifehacks und leckere Rezepte mit meinen Followern.

Der Name *Be Sassique* setzt sich dabei aus »be unique«, also sei einzigartig, und Saskia, meinem Namen zusammen, da ich meinen Followern so zeigen möchte, dass jeder von ihnen ganz besonders und einzigartig, also unique, ist. Gemeinsam sind wir daher #teamunique.
Mit deinem neuen Buch gehörst du nun auch zu Team Unique. Wenn du möchtest, kannst du @besassique außerdem noch auf Instagram, TikTok und Youtube folgen, um auch dort Teil von #teamunique zu werden und andere coole Girls kennenzulernen.

#teamunique

Dein Girlpower-Passwort und coole Extras für dich

Neben manchen Inhalten in diesem Buch findest du kleine QR-Codes wie den auf dieser Seite. Diese Codes kannst du einfach mit dem Handy scannen, um direkt zu einem ausführlichen Anleitungsvideo oder einer coolen Vorlage zum Ausdrucken zu kommen. Stattdessen kannst du auch einfach den Link unter dem QR-Code in deinen Internetbrowser eingeben.

Da diese Extras nur für #teamunique verfügbar sind, musst du jedes Mal ein Passwort eingeben. Probiere den QR-Code beziehungsweise den Link also am besten gleich mal aus, um das Passwort anzufordern. Danach kannst du es direkt in deinen Steckbrief eintragen.

Immer wenn du nach dem Passwort gefragt wirst, kannst du es dann dort nachlesen.

Psst!

Auf www.besassique.com kannst du auch andere Girls aus #teamunique kennenlernen oder Fragen stellen. Zudem findest du dort noch mehr tolle DIYs, Lifehacks und Rezepte für zwischendurch.

Hier geht's zu deinem persönlichen Passwort

m-vg.de/link/girlpower_01

Auf den Rezeptseiten
findest du außerdem
solche Löffel zum
Ausmalen. So weißt
du später, wie gut
dir dieses Rezept
gefallen hat.

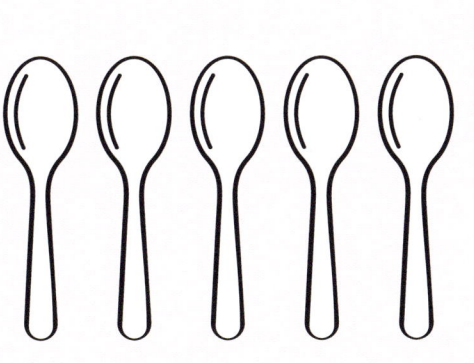

Und jetzt viel Spaß mit deinem
Girlpower-Buch!

Willkommen im Team Unique mit 100 % Girlpower!

Toll, dass dieses Buch nun dir gehört und dich das ganze Jahr mit kreativen Bastelideen, praktischen Lifehacks, leckeren Rezepten und kleinen Aufgaben begleiten darf. Doch um es wirklich zu deinem Buch zu machen, solltest du zuerst einmal diesen Steckbrief ausfüllen. In manche Felder kannst du allerdings erst nach und nach etwas eintragen.

Dieses Buch gehört:

Mein Lieblingsemoji:

Mein Fingerabdruck:

Klebe hier ein Foto von dir ein.

Meine Lieblingsfarbe:

Mein Lieblingsfilm:

Das Verrückteste, was ich jemals gemacht habe:

Süßigkeiten, die ich gerne esse:

Mein Superheldinnen-Name:

Psst!

Deinen Superheldinnen-
Namen findest du
auf Seite 20 heraus.

Mein Lieblings-DIY in diesem Buch:

Mein Lieblingsrezept in diesem Buch:

Mein Lieblingshack in diesem Buch:

Meine Lieblingsaufgabe aus diesem Buch:

Mein persönliches Girlpower-Passwort:

Psst!

Wofür du dein persönliches
Girlpower-Passwort brauchst
und wie du es bekommst,
steht auf Seite 4.

Ein Moment, den ich nie vergessen möchte:

Frühlings erwachen

Besondere Tage

Ostern
1. April
Muttertag
Vatertag

_____

_____

_____

Frühlings-Bucket-List

Auf dieser Liste kannst du noch zehn weitere Dinge aufschreiben, die du diesen Frühling unbedingt machen möchtest. Immer wenn du einen Punkt erledigt hast, kannst du ihn abhaken. Komm am Ende des Frühlings wieder zu dieser Seite zurück, um zu sehen, ob du alles erledigt hast oder ob du das eine oder andere noch nachholen möchtest.

- Pflanze etwas im Garten oder in einem Blumentopf an ☐
- Mach ein paar Seifenblasen ☐
- Dekoriere dein Zimmer neu ☐
- Bastel dir einen Kranz aus Gänseblümchen ☐
- Mach ein Picknick ☐
- _____ ☐
- _____ ☐
- _____ ☐
- _____ ☐
- _____ ☐
- _____ ☐
- _____ ☐
- _____ ☐
- _____ ☐
- _____ ☐

For all the books I read

Bücher ermöglichen es dir, in andere Welten einzutauchen, und manchmal taucht man sogar so tief ein, dass man am liebsten gar nicht mehr aufhören will. Doch irgendwann muss jedes Buch einmal zugeklappt werden. Damit du dann genau dort wieder einsteigen kannst, wo du aufgehört hast, kannst du dir einfach ein schönes Lesezeichen basteln.

Lesezeichen

1.

2.

3.

Du brauchst:

- Faden
- 6 x 15 cm Pappe
- 1 buntes Papier deiner Wahl
- Schere
- Kleber
- Locher

Hier geht's zum Video

m-vg.de/link/girlpower_02

10

1. Schneide ein 6 × 15 cm großes Stück Pappe als Lesezeichen aus und umwickle es quer mit einem dünnen Faden. Wenn du den Faden circa fünfzigmal um die Pappe gewickelt hast, schneidest du ihn ab.

2. Danach schneidest du ein weiteres Stück Faden von der Rolle, um es zwischen den Fäden und der Pappe hindurchzuschieben. Zieh dieses Stück Faden zu einer Seite der Pappe und binde die Fäden mit einem Doppelknoten zusammen. Diese zusammengebundene Seite ist nun deine Quastenspitze, mit der du die Quaste später am Lesezeichen befestigen kannst.

3. Schneide nun die Fäden auf der gegenüberliegenden Seite, also dem Quastenende, auseinander.

4. Knote die Fäden mit einem weiteren Faden circa einen Fingerbreit von der Quastenspitze noch einmal zusammen, damit die Fäden nicht verrutschen.

5. Umwickele die Quaste an der Knotenstelle circa zehnmal mit dem Faden, sodass ein kleiner Quastenkopf mit einem Ring darunter entsteht.

6. Zum Schluss kannst du das Quastenende noch etwas zurechtschneiden, sodass alle Fäden gleich lang sind.

7. Für das Lesezeichen beklebst du die bereits für die Quaste verwendete Pappe einfach mit einem Papier deiner Wahl.

8. Jetzt musst du das Lesezeichen nur noch lochen, um die Quaste zu befestigen, und schon hast du ein superschönes, selbst gemachtes Lesezeichen.

Flower-Power

Blumen sind wunderschön, doch sie zu malen ist alles andere als leicht. Neben der Form selbst ist der sanfte Farbverlauf der Blütenblätter der wohl schwierigste Teil. Doch das muss nicht sein!

Du brauchst:

- 1 helle Farbe deiner Wahl, zum Beispiel Acryl
- 1 dunklere Farbe deiner Wahl, zum Beispiel Acryl
- Pinsel
- Papier

1. Tauche den Pinsel mit einer Seite in die helle und mit der anderen Seite in die dunkle Farbe.
2. Setze den Pinsel auf das Blatt und male damit einen fast geschlossenen Kreis, während du die gesamte Pinselfläche auf das Blatt drückst.
3. Wiederhole Schritt 1 und 2 fünfmal, bis du eine komplette Blume gemalt hast.
4. Je nach Pinselgröße kannst du natürlich auch noch größere oder kleinere Blütenblätter malen, die enger oder weiter entfernt sind oder sogar eine komplett andere Form haben.
5. Wenn du möchtest, kannst du deiner Blume noch einen Stängel und ein paar Blätter malen. Bei den Blättern kannst du den Pinseltrick übrigens auch super anwenden.

Hier geht's zum Video

m-vg.de/link/girlpower_04

Hey, Cookie-Monster!

Roher Keksteig ist mittlerweile zu einer richtigen Trendsüßigkeit geworden, die auch du unbedingt mal probieren solltest. Statt den rohen Teig zu kaufen, kannst du ihn aber auch ganz einfach selbst machen.

Du brauchst:
- 75 g weiche Butter
- 40 g weißen Zucker
- 40 g braunen Zucker
- 4 EL Milch
- 150 g Mehl
- 1 Prise Salz
- Vanillearoma
- 100 g Schokodrops
- Etikettvorlage

1. Erwärme die Butter in der Mikrowelle und vermische sie mit dem braunen und dem weißen Zucker.
2. Gib eine Prise Salz, Vanillearoma und 4 EL Milch dazu.
3. Schütte das Mehl dazu und verrühre alles gut.
4. Jetzt musst du nur noch die Schokodrops oder ein anderes Topping deiner Wahl unterheben und fertig ist dein selbst gemachter, roher Cookie Dough.
5. Lass es dir schmecken, aber iss nicht alles auf einmal. Deinen Keksteig kannst du übrigens auch ein paar Tage im Kühlschrank aufbewahren, weil er kein Ei enthält. Dafür füllst du ihn am besten in ein luftdichtes Gefäß, das du mit einem kleinen Etikett verzieren kannst.

Hier geht's zur Vorlage

m-vg.de/link/girlpower_09

Mein erster Schultag!

Der erste Schultag ist etwas ganz Besonderes. Aber kannst du dich eigentlich noch daran erinnern, wie deine Schultüte aussah? Male sie so gut du kannst in der Vorlage nach. Wenn du dich nicht mehr erinnern kannst, frag doch einfach mal deine Eltern nach einem Bild von dir am ersten Schultag.

Oh, wie das duftet!

Wusstest du, dass Düfte die Stimmung beeinflussen können? Aus diesem Grund wählen wir unseren Lieblingsduft nicht nur wegen des Duftes an sich, sondern vor allem auch wegen der Gefühle, die der Duft in uns auslöst. Also besprüh diese Seite mit deinem Lieblingsduft, um jedes Mal, wenn du das Buch öffnest, durch den Geruch deine Stimmung positiv zu beeinflussen. Wenn du möchtest, kannst du auch dazuschreiben, wie dein Lieblingsduft heißt.

Basic? Special!

Hast du dich auch schon mal gefragt, warum jeder Schuh genau auf die gleiche Art gebunden wird? Irgendwie seltsam, wo es doch so viele Möglichkeiten gibt, mit denen du deine Schuhe aufpimpen kannst. Wie wäre es zum Beispiel mit dieser Variante hier:

1. Fädle das Schuhband von oben nach unten durch die beiden obersten Ösen.
2. Schnapp dir einen etwas dickeren Stift und lege ihn neben die Ösen. Zieh das Schuhband immer wieder über den Stift, bevor du es durch die nächste Öse fädelst. Wichtig dabei ist, dass du das Schuhband nicht abwechselnd links und rechts durch die Ösen ziehst, sondern auf einer Seite bleibst.

3. Wiederhole das auf der anderen Seite und kreuze die Schuhbandenden an der Schuhspitze.
4. Fädle die Schuhbänder danach auf der jeweils gegenüberliegenden Seite von unten nach oben durch die neu entstandenen Schuhbandschlaufen.

5. Zum Schluss ziehst du die Schuhbänder oben zusammen und verknotest sie mit einer Schleife. Und schon hast du ein richtig ausgefallenes Schuhbandmuster, das jeden Basic-Schuh in einen absoluten Hingucker verwandelt.

Hier geht's zum Video

m-vg.de/link/girlpower_14

SOS – Pickelalarm

Oh nein, schon wieder ein großer roter und schmerzhafter Pickel! So verlockend es auch ist, du solltest diesen Pickel auf keinen Fall ausdrücken. Stattdessen kannst du dir eine Anti-Pickel-Maske machen.

1. Mische Zimt, Honig und Quark in einer kleinen Schale.
2. Trage die Maske gleichmäßig auf dein Gesicht auf und lasse sie für 10 bis15 Minuten einwirken.
3. Wasche die Maske anschließend mit lauwarmem Wasser ab und wiederhole die Anwendung bei Bedarf zweimal pro Woche.

Anti-Pickel-Maske

Du brauchst:

- 1 EL Zimt
- 1 EL Honig
- 2 EL Quark

Angeberwissen

Während Zimt antibakteriell wirkt, verringert Honig die Talgbildung. Dadurch wird das erneute Verstopfen der Poren und damit das Entstehen von neuen Pickeln verhindert. Sowohl der Honig als auch der Quark spenden zudem noch extra viel Feuchtigkeit, um die Haut zu beruhigen und zu pflegen. Zudem ergänzt der Quark die Mischung durch Milchsäure, die die alten Hautschüppchen sanft entfernt. Die Kombination dieser drei Lebensmittel sorgt also für superweiche und reine Haut.

Whipped Chocolate ~~Cream~~ Dream!

Du brauchst:

- 2 EL Kakaopulver
- 1 EL Zucker
- 100 ml Sahne
- 200 ml Milch
- 20 g Schokolade
- Schokostreusel

1. Schmelze etwas Schokolade im Wasserbad und tauche den Rand deines Glases darin ein. Stell das Glas in den Kühlschrank, damit die Schokolade hart wird.
2. Währenddessen kannst du den Kakao mit dem Zucker und der Sahne zu einer fluffigen Creme schlagen.
3. Sobald die Creme fertig ist, kannst du das Glas aus dem Kühlschrank holen und mit Milch befüllen. Lass dabei genug Platz für deine Schokocreme, die du nun zur Milch ins Glas gibst.
4. Zum Schluss kannst du deine Whipped Chocolate Cream noch mit ein paar Schokostreuseln und mit einem Strohhalm verzieren.

Kleine Ostereiervase

So langsam suchen sich die ersten Blumen wieder ihren Weg an die Oberfläche und nach und nach fängt wieder alles an zu blühen. Ein Hauch von Frühling liegt in der Luft, und den kannst du dir mit einer süßen Ostereiervase in dein Zimmer holen:

Du brauchst:
- 1 leeres, geköpftes Ei
- weiße Acrylfarbe oder Deckweiß
- schwarzen Filzstift
- eventuell Lidschatten/ Rouge
- Wasser
- Blumen
- 1 Eierhalter/ 1 Washi-Tape-Rolle

1. Spüle die Eierschale aus, nachdem du dein Ei vorsichtig geköpft und gegessen hast, und bemale sie mit weißer Farbe.
2. Sobald die Farbe getrocknet ist, kannst du deinem Ei mit einem schwarzen Filzstift ein süßes Gesicht aufmalen.
3. Danach kannst du deinem Eiergesicht mit etwas Lidschatten oder Rouge noch rote Bäckchen zaubern.
4. Fülle etwas Wasser in deine Eiervase, bevor du ihr einen schönen Platz suchst. So halten deine Blümchen lange.
5. Damit die Eiervase steht, kannst du sie entweder in einen Eierbecher oder in eine Washi-Tape-Rolle stellen. So süß!

Hier geht's zum Video

m-vg.de/link/girlpower_06

18

This or That?

Kreuze jeweils das an, was du im Frühling lieber machst. Falls dir noch ein paar Ideen für deine Frühlings-Bucket-List auf Seite 9 fehlen, kannst du anschließend dort noch den einen oder anderen Punkt aus der This-or-That-Liste ergänzen

☐	Wandern gehen	*oder*	Fahrrad fahren ☐
☐	Frühjahrsputz machen	*oder*	alles beim Alten lassen ☐
☐	einen Trenchcoat tragen	*oder*	eine Jeansjacke anziehen ☐
☐	durch ein Blumen-feld laufen	*oder*	in eine Pfütze springen ☐
☐	Schmetterlinge beobachten	*oder*	Vogelgezwitscher hören ☐

Just keep smiling!

Hey, weißt du was? Dein Lächeln steht dir richtig gut. Also lächle doch heute einfach mal fünf Personen an, um auch ihnen ein kleines Lächeln ins Gesicht zu zaubern. Immer wenn du eine Person angelächelt hast, kannst du einen der fünf Smileys ausmalen.

I'm a Supergirl!

Finde mithilfe deines Anfangsbuchstabens und deines Geburtsmonats deinen persönlichen Superheldinnen-Namen und trag ihn hier ein:

Wenn du möchtest, kannst du nun noch passend zu deinem Superheldinnen-Namen ein Kostüm entwerfen.

Psst!

Vergiss nicht, deinen Superheldinnen-Namen auch vorne im Buch in deinem Steckbrief zu ergänzen.

A	Incredible	N	Amazing
B	Strong	O	Invisible
C	Careful	P	Funky
D	Brilliant	Q	Sweet
E	Unexpected	R	Fantastic
F	Smart	S	Awesome
G	Exotic	T	Lovely
H	Crazy	U	Masked
I	Impossible	V	Beautiful
J	Fancy	W	Excellent
K	Exciting	X	Dangerous
L	Wonderful	Y	Clever
M	Fascinating	Z	Breathtaking

Januar	Flower	Juli	Mermaid
Februar	Phantom	August	Star
März	Unicorn	September	Princess
April	Vampire	Oktober	Witch
Mai	Agent	November	Butterfly
Juni	Fairy	Dezember	Woman

Got my head in the clouds

So spannend dein Handy mit all den Apps und neuen Nachrichten auch sein kann, irgendwann wird es Zeit, das Handy auch mal wegzulegen. Damit dein Handy einen schönen Platz hat, an dem du es immer wiederfindest, kannst du dir einen coolen Handyhalter basteln.

Du brauchst:

- Bastelvorlagen
- A4-Papier
- Kleber
- Schere

Hier geht's zu Vorlagen und Video

m-vg.de/link/girlpower_03

1. Falte ein A4-Blatt einmal in der Mitte und öffne diese Faltung direkt wieder.
2. Falte die beiden langen Seiten des A4-Blattes zur soeben entstandenen Mittellinie.
3. Nimm die beiden neuen langen Außenseiten und falte auch diese zur Mitte.
4. Wenn du alles gut festgedrückt hast, legst du die beiden kurzen Seiten aneinander und faltest das Papier nun auf der kurzen Seite mittig.
5. Nachdem du die Faltung wieder geöffnet hast, faltest du die beiden Außenseiten zur Mitte. Lass dabei jedoch jeweils zwei Fingerbreit Abstand zur Mittellinie.
6. Öffne nun auch diese Faltung wieder, um die beiden offenen Enden ineinanderzuschieben. Du solltest nun ein Dreieck haben.
7. Drücke auf einer Seite einen Teil des Dreiecks nach oben, der doppelt so breit wie dein Handy ist, und halbiere diese Faltung mit einer weiteren, sodass du am Ende auf dieser Seite ein großes »)« hast.
8. Nun kannst du den Halter mit dem Regenbogenstreifen und den Wolken aus der Vorlage bekleben.
9. Klebe die beiden Wolken dafür oben am Handyhalter mit den Rückseiten aneinander.
10. Sobald alles gut angedrückt und der Kleber getrocknet ist, kannst du dein Handy auch schon in deinen neuen Handyhalter stellen, damit es auf Wolke sieben schwebt.

Tanz im Regen!

Hast du schon mal darüber nachgedacht, wie es wäre, raus in den Regen zu gehen und zu tanzen? Einfach den Kopf auszuschalten, ohne darüber nachzudenken, warum du das gerade tust und was andere von dir denken? Das hört sich so schön und verrückt an, dass du es unbedingt ausprobieren solltest. Also geh raus und tanz im Regen!

Wenn du wieder reinkommst, kannst du nach einer heißen Dusche aufschreiben, wie es sich angefühlt hat, und so den Moment für immer festhalten.

Make it shine!

Glitzernagellack sieht einfach toll aus. Doch wenn er an den ersten Stellen abblättert und wieder komplett runter soll, wird es schwierig. Denn während Klarlack und Farblacke nach und nach durch den Nagellackentferner auf deinem Wattepad verschwinden, wollen die kleinen Glitzerpartikel einfach nicht weggehen. Doch mit diesem kleinen Trick wirst du jeden Glitzernagellack supereinfach wieder los.

Du brauchst:

- 3 Wattepads
- 10 Stückchen Alufolie
- Nagellackentferner

1. Schneide die Wattepads jeweils in Viertel. Tränke eines der Wattepad-Stückchen in Nagellackentferner und lege es auf einen deiner Nägel.
2. Damit das Wattepad nicht verrutscht, umwickelst du deinen Finger mit einem Stückchen Alufolie.
3. Wiederhole dies auch bei deinen anderen Fingern und lass den Nagellackentferner circa 5 Minuten einwirken.
4. Du kannst zwischendurch immer mal wieder an einem Finger nachsehen, ob sich der Glitzernagellack bereits komplett vom Nagel abgelöst hat. Sobald der ganze Glitzernagellack weg ist, kannst du die Alufolie mit dem Wattepad von deinem Finger abziehen. Und schon sind deine Nägel bereit für einen neuen coolen Nagellack – ob mit oder ohne Glitzer!

Beere küsst Banane

Obst ist nicht nur gesund, sondern kann auch richtig lecker schmecken. Doch statt das Obst einfach nur so zu essen, kannst du daraus auch eine megaleckere Smoothie Bowl machen. So eine Smoothie Bowl eignet sich übrigens nicht nur als gesundes Frühstück, sondern ist auch ein leckerer Snack zwischendurch.

Du brauchst:

- 2 gefrorene Bananen
- 50 g gefrorene Beeren
- 3 TL Honig
- 100 g Naturjoghurt
- Toppings deiner Wahl, zum Beispiel Haferflocken, Schokostreusel, Kokosraspel oder Beeren

1. Schäle die Bananen, bevor du sie über Nacht mit den Beeren einfrierst. Statt frischer Beeren kannst du auch eine Tiefkühlbeerenmischung nehmen.
2. Gib die gefrorenen Früchte mit dem Honig und dem Naturjoghurt in den Mixer und püriere alles so lange, bis eine cremige Masse entsteht.
3. Fülle die Masse in eine Schale und dekoriere sie mit den Toppings deiner Wahl. Und schon hast du eine megaleckere und erfrischende Smoothie Bowl. Lass es dir schmecken!

Smoothie Bowl

Laufmaschenalarm

Ach, schon wieder eine Laufmasche, und das,
obwohl die Strumpfhose noch ganz neu ist!
Sicher kennst du dieses Laufmaschenprob-
lem nur zu gut. Wenn du deine Strumpfhose
direkt nach dem Anziehen aus circa 20 cm
Entfernung mit etwas Haarspray einsprühst, ist
sie deutlich weniger anfällig für Laufmaschen.

Spieglein, Spieglein!

Jeder kennt sie, diese kleinen Selbstzweifel. Doch
weißt du was? Du bist wundervoll! Also schau in den
Spiegel und sag, was du an dir selbst am meisten magst.
»Nichts« ist dabei übrigens keine Option.

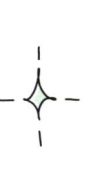

For somebunny special

Ostern steht vor der Tür und wie du sicher weißt, gehört zu Ostern nicht nur der Osterhase, sondern auch eine kleine Überraschung. Statt diese Überraschung in einem Osternest zu verstecken, kannst du auch eine supersüße Osterhasen-Geschenkbox basteln, die nicht nur richtig toll aussieht, sondern auch so klein ist, dass du sie supergut verstecken kannst.

Osterhasen-Geschenkbox

Du brauchst:

- Bastelvorlagen
- Kleber
- Schere
- 1 schönes Band
- etwas Füllung, wie zum Beispiel eine kleine Süßigkeit oder einen Zettel

Hier geht's zu Vorlagen und Video

m-vg.de/link/girlpower_05

28

1. Drucke und schneide die Vorlagen für die Oster-hasen-Geschenkbox aus. Wenn du möchtest, kannst du die beiden Streifen auch auf einem schönen bunten Papier ausdrucken.
2. Falte den kürzeren Streifen entlang der ge-strichelten Linien jeweils nach innen. Klebe die beiden Enden zusammen, sodass ein kleines Kästchen entsteht.
3. Falte nun den längeren Streifen entlang der gestrichelten Linien nach innen.
4. Klebe die beiden Enden an der Außenseite zusammen, sodass zwei spitze Ohren entste-hen.
5. Trage an den beiden Innenseiten des neu entstandenen Mittelteils etwas Kleber auf und drücke die Form an dieser Stelle zu-sammen. So entsteht der Hasenkopf.
6. Schieb nun die im zweiten Schritt gefaltete Box in das entstandene Fach.
7. Wenn du die Box mit dem Hasengesicht aus der Vorlage beklebt hast, kannst du die Ohren mit einer kleinen süßen Schleife verzieren.
8. Zum Schluss kannst du in das kleine Kästchen eine Süßigkeit oder eine nette Nachricht stecken und schon hast du eine supersüße Osterhasen-Geschenk-box. Viel Spaß beim Verschenken, Honey-Bunny!

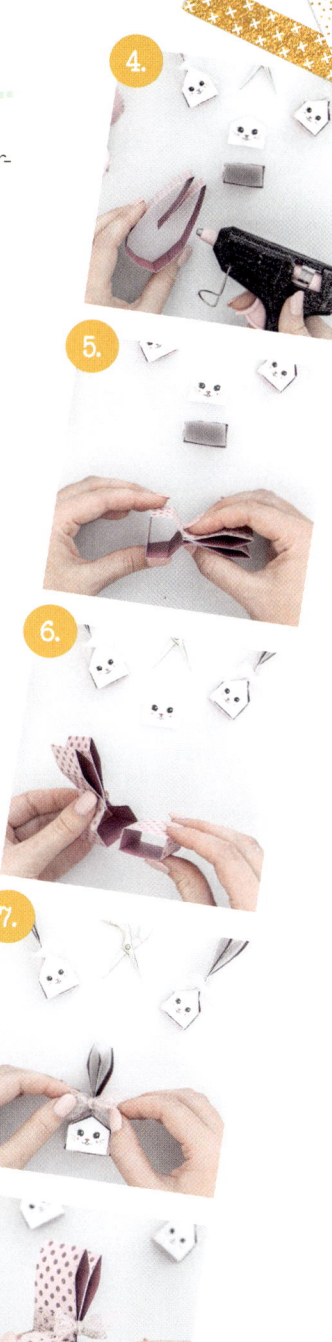

Yummy Honey-Bunny

Ostern steht vor der Tür und dazu gehört natürlich auch viel Süßes. Wie wäre es dieses Jahr
mit supersüßen Osterhasenmuffins statt eines
traditionellen Ostergebäcks?

⭐ Osterhasenmuffins

**Für 6 Muffins
brauchst du:**

- 125 g Mehl
- ½ Päckchen Backpulver
- 1 Bio-Zitrone
- 1 Ei
- 80 g Zucker
- 75 ml Sahne
- ½ Päckchen Vanillin-
  zucker
- 1 Prise Salz
- 70 g Kokosraspel
- Muffinförmchen aus
  Papier oder Silikon

**Zum Verzieren
brauchst du:**

- 50 g Frischkäse
- 25 g Butter
- 75 g Puderzucker
- 30 g Kokosraspel
- 6 Marshmallows
- 20 g Zucker
- rosa Lebensmittelfarbe

1. Wasche eine Bio-Zitrone und hoble die
   Schale mit einer Reibe ab.
2. Danach schneidest du die Zitrone in der
   Mitte auseinander und presst sie aus.
3. Jetzt gibst du alle Zutaten in eine Schüssel
   und verrührst sie zu einem glatten Teig.
4. Befülle nun die Muffinförmchen zu ⅔ mit
   dem fertigen Teig und backe die Muffins für
   25 Minuten bei 160 °C Umluft.
5. In der Zwischenzeit kannst du die weiche Butter mit dem Frischkäse und dem Puderzucker
   zu einem Frosting vermengen. Bis die Muffins
   gebacken und abgekühlt sind, stellst du die
   fertige Masse am besten in den Kühlschrank.
6. Sobald die Muffins abgekühlt sind, be-
   streichst du den Muffindeckel mit Frosting
   und wälzt ihn dann in Kokosraspeln.
7. Zerschneide nun noch ein Marshmallow
   diagonal und drücke die Schnittkanten in
   den mit rosa Lebensmittelfarbe gefärbten
   Zucker. Sobald du die fertigen Hasenohren
   auf dem Muffin angebracht hast, sind die
   supersüßen Hasenmuffins auch schon fertig.
   Lass es dir schmecken!

April, April!

Psst! Der 1. April steht vor der Tür, und das heißt, du darfst deine Familie und deine Freunde ganz offiziell mal so richtig reinlegen. Also schmiede am besten schon mal geheime Aprilscherzpläne und halte sie auf dieser Seite fest.

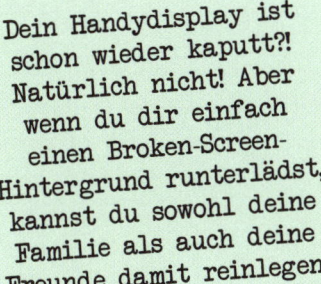

Dein Handydisplay ist schon wieder kaputt?! Natürlich nicht! Aber wenn du dir einfach einen Broken-Screen-Hintergrund runterlädst, kannst du sowohl deine Familie als auch deine Freunde damit reinlegen.

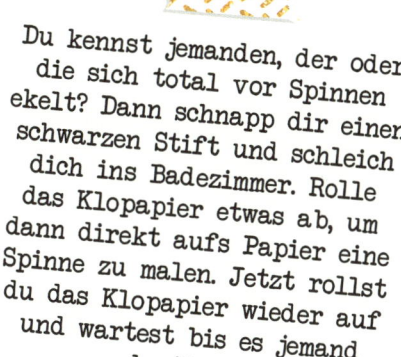

Du kennst jemanden, der oder die sich total vor Spinnen ekelt? Dann schnapp dir einen schwarzen Stift und schleich dich ins Badezimmer. Rolle das Klopapier etwas ab, um dann direkt aufs Papier eine Spinne zu malen. Jetzt rollst du das Klopapier wieder auf und wartest bis es jemand benötigt.

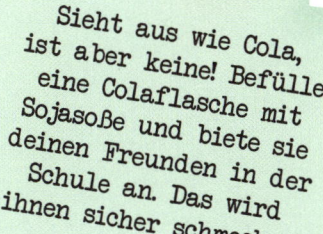

Sieht aus wie Cola, ist aber keine! Befülle eine Colaflasche mit Sojasoße und biete sie deinen Freunden in der Schule an. Das wird ihnen sicher schmecken.

Feuer, Wasser, Erde, Luft

Bestimmt kennst du die vier Elemente. Aber weißt du auch, welches der Elemente am besten zu dir passt? Mach den Test und finde es heraus. Kreise dafür den Buchstaben vor der zutreffenden Antwort ein.

 1. Welches Sternzeichen hast du?

a. Steinbock, Stier, Jungfrau
b. Wassermann, Zwillinge, Waage
c. Fische, Krebs, Skorpion
d. Widder, Löwe, Schütze

 2. Wie sieht eigentlich dein Zimmer aus?

a. Ich liebe Ordnung, denn alles hat seinen Platz.
b. Okay, es ist nicht superordentlich, aber okay.
c. Ich bin eine echte Chaos-Queen, und das sieht man.
d. Ich weiß nicht, wie ich mein Zimmer beschreiben soll.

 3. Welche Farbe magst du am liebsten?

a. Grün
b. Weiß
c. Rot
d. Blau

 4. Welche Eigenschaften beschreiben dich am besten?

a. Ich bin nachdenklich, ruhig und ausgeglichen.
b. Ich bin neugierig, optimistisch und verrückt.
c. Ich bin direkt, willensstark und ehrlich.
d. Ich bin emotional, feinfühlig und zuverlässig.

5. Welche Jahreszeit magst du am liebsten?

a. Winter
b. Frühling
c. Sommer
d. Herbst

6. Welche Fähigkeit hättest du am liebsten?

a. Ich würde gerne in der Zeit reisen können.
b. Ich würde gerne fliegen können.
c. Ich würde gerne Gedanken lesen können.
d. Ich wäre gerne unsichtbar.

7. Welches Tier magst du am liebsten?

a. Hund
b. Schmetterling
c. Schlange
d. Delfin

8. Welche Rolle hast du in deinem Freundeskreis?

a. Ich weiß es eigentlich gar nicht.
b. Ich organisiere immer alles und überlege mir coole Aktivitäten.
c. Ich stehe im Mittelpunkt und führe die Gruppe an.
d. Ich bin die Verständnisvolle und kümmere mich um die anderen.

Zähle nun, wie oft du die einzelnen Buchstaben eingekreist hast, und trage die Anzahl in die entsprechenden Felder ein. Blättere dann zu Seite 234 und schaue nach, welches Element am besten zu dir passt.

a: [   ]   c: [   ]

b: [   ]   d: [   ]

Get your nails done!

Lackierte Nägel mit einem tollen Design sehen echt schön aus. Doof nur, dass das Lackieren immer so lange dauert und Nageldesigns total kompliziert sind, oder? Nicht unbedingt – denn diese coolen Nagelsticker sind schnell und unkompliziert!

Nagelsticker

1.

2.

3.

Du brauchst:

- verschiedene Nagellacke
- Klarsichtfolie
- Zahnstocher

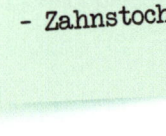
Hier geht's zum Video

m-vg.de/link/girlpower_10

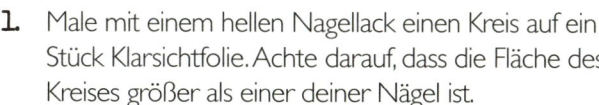

1. Male mit einem hellen Nagellack einen Kreis auf ein Stück Klarsichtfolie. Achte darauf, dass die Fläche des Kreises größer als einer deiner Nägel ist.
2. Tropfe mit zwei bis drei verschiedenen Nagellacken kleine Punkte auf den hellen Lack.
3. Falte die Folie so oft zusammen und zieh sie wieder auseinander, bis ein cooles Muster entstanden ist.
4. Wiederhole die Schritte 1 bis 3 nun neunmal für deine anderen Finger und streiche deine zehn fertigen getrockneten Muster mit Klarlack ein.
5. Wenn auch der Klarlack getrocknet ist, kannst du deine selbst gemachten Nagelsticker von der Folie abziehen.
6. Streiche deine Nägel mit Klarlack ein und drücke die abgelösten Sticker drauf fest.
7. Fahre abschließend die Form deines Nagels mit einem Zahnstocher nach, um den überstehenden Lack zu entfernen. Den übrigen Lack vorne am Nagel kannst du einfach über den Nagel ziehen und abreißen. Und schon hast du richtig stylische Nägel, ohne warten zu müssen, bis der Nagellack trocken ist.
8. Das Coole an diesen Nagelstickern ist, dass du sie supereinfach vorbereiten und aufheben kannst. Wenn du Lust darauf hast, kannst du sie einfach abziehen und aufkleben. Yeay!

Wenn ich groß bin, werde ich ...

Hast du schon eine Idee, welchen Beruf du später gerne einmal ausüben würdest? Und wenn ja, warum findest du genau diesen Beruf so toll? Trage deinen Traumberuf hier ein und überlege dir, wie du dein Ziel erreichen kannst. Denn hast du dein Ziel vor Augen, ist das bereits der erste Schritt, um es zu verwirklichen.

Miste mal wieder richtig aus!

Obwohl du echt viele Klamotten hast, ziehst du immer nur die gleichen Teile an? Tja, dann ist heute der perfekte Tag, um deinen Kleiderschrank mal wieder auszumisten. Sobald du einen der Schritte erledigt hast, kannst du das kleine Kleid davor ausmalen.

Alles muss raus
Damit du kein Teil übersiehst und später alles wieder schön einräumen kannst, holst du am besten erst mal all deine Klamotten aus dem Kleiderschrank raus.

Mache drei Haufen
Probiere all deine Klamotten an und überlege dann, welche du behalten, welche du weggeben und welche du umstylen möchtest. Oft kann man alte oder langweilige Kleidung nämlich ganz einfach aufpimpen. Einige Ideen dazu findest du auch in diesem Buch.

Behalten   Weggeben   Umstylen

Räume auf
Packe alle Sachen, die wegkommen, und alle Klamotten, die du umstylen möchtest, jeweils in eine Kiste. So hast du schon mal einen Teil des Chaos beseitigt. Yeay!

Sortiere deine Kleidung
Alle Klamotten, die du behalten möchtest, sortierst du jetzt in Kategorien wie »Jeans« oder »T-Shirts«, um sie dann nacheinander wieder in den Schrank einzuräumen. Wenn du magst, kannst du deine Sachen auch farblich ordnen, damit dein Kleiderschrank noch übersichtlicher wird.

Du hast es geschafft!
Toll gemacht!

They see me rollin' ...!

Der perfekte Dutt ist alles andere als einfach hinzubekommen. Und wenn es dann doch mal klappt, zerfällt der Dutt oft kurz danach wieder oder man braucht etliche Klammern, Haargummis und viel Haarspray. Das muss nicht sein, denn mit diesem Hack und ein bisschen Übung gelingt dir jeder Dutt!

1. Mach dir einen hohen Pferdeschwanz.
2. Binde den Zopf circa eine Handbreit von den Spitzen entfernt noch einmal mit einem Haargummi zusammen.
3. Teile dieses Minizöpfchen in zwei Strähnen, die du nach links und rechts ziehst, sodass ein großes »T« entsteht.
4. Halte die beiden Strähnen gut fest und drehe sie immer wieder in Richtung deines Kopfes, um so den großen Zopf aufzurollen.
5. Wenn du am Kopf angekommen bist, ziehst du die beiden kleinen Strähnen nach hinten. Dort kannst du sie unter den Haargummi deines hohen Pferdeschwanzes klemmen.
6. Zieh deinen Dutt hinten zusammen und befestige alles mit einem weiteren Haargummi.
7. Nun kannst du noch einmal alles zurechtzupfen und schon hast du einen richtig schönen Dutt.

Hier geht's zum Video

m-vg.de/link/girlpower_13

Pyjama all day!

Wann hast du das letzte Mal den ganzen Tag im Schlafanzug verbracht? Egal, wie lange es her ist, heute ist der richtige Tag dafür. Also, lass heute einfach mal deinen Schlafanzug an und hake diese überaus wichtige To-do-Liste ab:

☐ Schlafanzug anlassen

☐ Ersten Punkt abhaken

☐ Freuen, dass alle To-dos für heute erledigt sind

Sport ist kein Mord!

Gibt es eine Sportart, die du unbedingt mal ausprobieren wolltest? Dann sei heute mal richtig mutig und probier sie einfach.

☆ ☆ ☆ ☆ ☆

Trag hier ein, welche Sportart du schon immer mal ausprobieren wolltest, und schreibe auf, wie sie dir gefallen hat.

_____

_____

_____

_____

_____

Ich hab dich lieb, Mama!

Deine Mama ist einfach immer für dich da. Wenn du lachst, lacht sie mit dir, und wenn du weinst, tröstet sie dich. Und selbst wenn ihr mal streitet, weißt du doch, dass du dich immer auf sie verlassen kannst. All das weißt du sicher schon, aber wann hast du deiner Mama eigentlich das letzte Mal dafür gedankt und ihr gesagt, wie lieb du sie hast? Egal, wie lange es her ist, spätestens am Muttertag wird es definitiv Zeit!

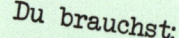

Du brauchst:

- Bastelvorlagen
- 5 Fotos (5 x 5 cm), zum Beispiel von dir und deiner Mama
- Schere
- Kleber

Hier geht's zu Vorlagen und Video

m-vg.de/link/girlpower_07

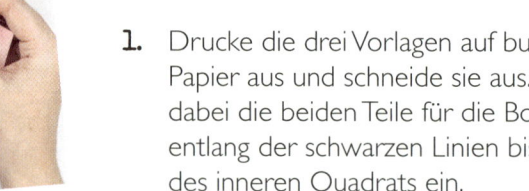

1. Drucke die drei Vorlagen auf buntem Papier aus und schneide sie aus. Schneide dabei die beiden Teile für die Box jeweils entlang der schwarzen Linien bis zur Ecke des inneren Quadrats ein.

2. Falte die Boxvorlage nun entlang der Linien nach oben.
3. Falte die eingeschnittenen Stücke nach innen und bestreiche sie mit Kleber.
4. Klebe die eingeschnittenen Stücke an die nächste gefaltete Seite, sodass ein Korb entsteht.
5. Wiederhole die Schritte mit der zweiten Boxvorlage. Nun hast du eine etwas größere Hälfte für oben und eine etwas kleinere für unten.
6. Drucke dir fünf schöne Fotos von dir und deiner Mama aus, schneide sie auf 5 x 5 cm zu und beklebe den Vorlagenstreifen mit vier dieser Bilder. Du kannst den Fotostreifen auch verlängern, wenn du mehr Fotos in der Box sammeln möchtest. Achte aber darauf, dass du immer eine gerade Anzahl an Bildern verwendest.
7. Wenn du die Bilder aufgeklebt hast, knickst du den Streifen abwechselnd nach oben und nach unten, sodass eine Ziehharmonika entsteht. Achte dabei darauf, dass die Klebeflächen von den Bildern weggeknickt sind.
8. Bestreiche dann zunächst die obere Klebefläche mit Kleber, um sie im vorderen Teil der oberen, größeren Box zu befestigen.
9. Klebe dann die untere Klebefläche in den vorderen Teil der unteren, kleineren Box.
10. Wenn du die beiden Hälften der Box nun zusammenschiebst, falten sich die Bilder automatisch in die Box. Sobald alles getrocknet ist, kannst du die Box öffnen und die Bilder ansehen.
11. Zum Schluss kannst du die Box außen noch mit einem gemeinsamen Foto verzieren und deiner Mama dieses wunderschöne persönliche Geschenk überreichen.

What's in my bag?

Weißt du eigentlich, was du jeden Tag alles in deiner Tasche mit dir herumträgst? Teste dich selbst und schreibe zuerst auf, was du alles in der Tasche vermutest, bevor du es überprüfst. Hake alle richtigen Dinge ab und ergänze die Dinge, die du vergessen hast. Und, wie gut warst du?

Vergessen:

Wow, ganz schön viele Sachen, oder? Geh am besten mal alles durch und überlege, was du wirklich jeden Tag in deiner Tasche brauchst, bevor du sie wieder einräumst.

Meine Familie & ich!

Du kennst deine Familie so gut wie niemanden sonst und deswegen wird es Zeit, einen etwas anderen Stammbaum zu zeichnen. Trage dafür zuerst einmal deinen Namen und die Namen deiner Eltern in die Grafik ein. Füge jetzt nach und nach weitere Familienmitglieder, wie Geschwister, Omas, Opas, Tanten und Onkel hinzu. Da ein Stammbaum nur aus Namen langweilig ist, kannst du jedes Familienmitglied mit drei Worten beschreiben.

Mein Stammbaum

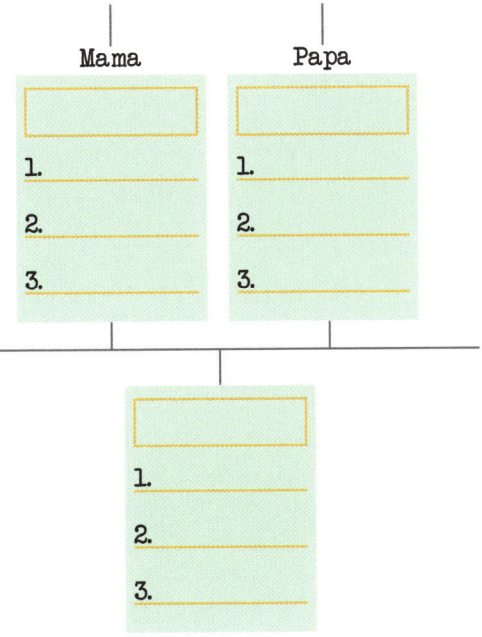

Mama   Papa

1.	1.
2.	2.
3.	3.

Ich

1.
2.
3.

Psst!

Frag doch mal deine Omas und Opas nach ihren Eltern, Omas und Opas. So kannst du deinen Stammbaum sogar noch erweitern und ganz nebenbei wirst du bestimmt ein paar spannende Geschichten hören.

Überraschungseier überraschend anders

Das Tolle an Überraschungseiern ist, dass man sich doppelt freuen kann – zum einen auf die Schokolade und zum anderen auf die Überraschung. Doch statt die Schokolade sofort zu vernaschen, kannst du die Überraschungseier auch befüllen. So schmecken sie sogar noch ein bisschen besser.

Du brauchst:

- 3 Überraschungseier
- 3 Kinder-Schokolade-Riegel
- 100 g Mascarpone
- 25 g Zucker
- 50 ml Sahne
- eventuell Eisstiele

1. Verrühre die Mascarpone mit dem Zucker.
2. Hacke die Kinder-Schokolade-Riegel klein und gib sie zu der Mascarpone-Zucker-Creme.
3. Schlage die Sahne steif und hebe sie vorsichtig unter die Masse.
4. Während du die Überraschungseier vorsichtig in zwei Hälften teilst und nachsiehst, welche Überraschungen sie enthalten, stellst du die fertige Masse in den Kühlschrank.
5. Befülle die Hälften danach mit der gekühlten Masse.
6. Jetzt kannst du die gefüllten Überraschungseier entweder sofort essen oder ein Überraschungsei-Eis daraus machen. Dafür legst du einen Eisstiel auf eine gefüllte Eihälfte, um das Überraschungsei dann mit einer zweiten gefüllten Eihälfte zu verschließen.
7. Wenn du die Überraschungseier noch 2 Stunden einfrierst, hast du ein superleckeres Überraschungsei-Eis. Yummy!

Gefüllte Überraschungseier

Positive Mind, Positive Life!

Manchmal gibt es richtig doofe Tage, an denen irgendwie nichts klappt. Aber selbst wenn heute so ein Tag ist, solltest du versuchen, in allem das Positive zu sehen. Und schon bald wirst du merken, wie sich deine Laune nach und nach bessert.

Schreibe dir auch zwischendurch immer wieder all die positiven Dinge auf, um sie am Abend noch einmal zu lesen und dich daran zu erinnern. Langsam wirst du so die richtig schönen Dinge immer besser bemerken.

Space it up!

Jeden Tag das Gleiche: Offene Haare, Pferdeschwanz oder Dutt? Willkommen im Alltagstrott der Frisuren. Wenn dir deine Standardfrisuren mittlerweile zu langweilig sind, probier es doch mal mit diesen supersüßen, nach hinten gedrehten Spacebuns.

1. Mache dir zuerst einen Mittelscheitel und drehe dann deine Haare auf beiden Seiten eng am Kopf entlang deines Gesichts nach hinten.
2. Befestige die beiden nach hinten gedrehten Zöpfe hinterm Ohr jeweils mit einem Haargummi.
3. Schnapp dir zwei kleine Duttringe oder schneide von einem Paar alter Socken die Spitze ab.
4. Rolle die Socken dann ein, sodass ein Fake-Duttring entsteht.
5. Lege den Duttring beziehungsweise den Sockenring unten am Zopf an und wickle deine Haarspitzen darum.
6. Drücke immer wieder die Innenseite deines Dutt- beziehungsweise Sockenrings von innen nach außen, sodass sich deine Haare nach und nach darumwickeln.
7. Am Kopf angekommen, kannst du deine Haare noch so auffächern, dass der Duttring nicht mehr zu sehen ist. Danach sollte dein Spacebun so fest sitzen, dass du eigentlich keinen Haargummi mehr brauchst, sicherheitshalber kannst du deinen Spacebun aber noch mit einem befestigen.
8. Wenn du das Ganze auf der anderen Seite wiederholt hast, hast du eine richtig süße und vor allem mal etwas andere Frisur, die perfekt für den Alltag geeignet ist. Let's go, Spacegirl!

Hier geht's zum Video

m-vg.de/link/girlpower_11

Glamourgirl

Weißt du, was hier fehlt?
Natürlich Glitzer! Also streich
diese Seite mit Kleber ein und
streu dann so viel Glitzer
darauf, wie es dir gefällt.
Dabei kannst du natürlich
auch verschiedene
Glitzerfarben mischen.
Lass dein Kunstwerk unbedingt
trocknen, bevor du das Buch
wieder schließt.

Kostbare Erinnerungen

Hast du dir auch schon mal gewünscht, den einen oder anderen Moment einfach in einem Marmeladenglas aufzubewahren? Leider geht das nicht. Aber dafür können tolle Momente auf Fotos festgehalten werden. Damit diese Erinnerungen nicht verloren gehen, haben sie einen ganz besonderen Platz verdient: einen wunderschönen Bilderrahmen, der übrigens auch ein tolles Geschenk ist.

1. Klebe mit Washi Tape ein Zickzackmuster aus Dreiecken auf deinen Bilderrahmen. Fang dafür am besten in einer Ecke an und arbeite dich dann langsam rundherum. Drücke das Washi Tape dabei richtig fest, damit es lange hält.

2. Dabei kannst du nicht nur ein Tape verwenden, sondern so viele, wie du möchtest. Lass deiner Kreativität freien Lauf.
3. Wenn du fertig bist, kannst du ein Foto in den Bilderrahmen legen und ihn aufstellen oder verschenken.

Finger weg!

Dein Handy ist immer dabei. Aber schaffst du es, 24 Stunden darauf zu verzichten? Probier es doch einfach mal aus! Und da jede Challenge gemeinsam doppelt so viel Spaß macht, schnappst du dir am besten noch ein paar Freunde, die ebenfalls versuchen, 24 Stunden auf ihr Handy zu verzichten. Mal sehen, wer es schafft.

Nach den 24 Stunden könnt ihr hier reinschreiben, wie ihr die 24 Stunden ohne Handy fandet.

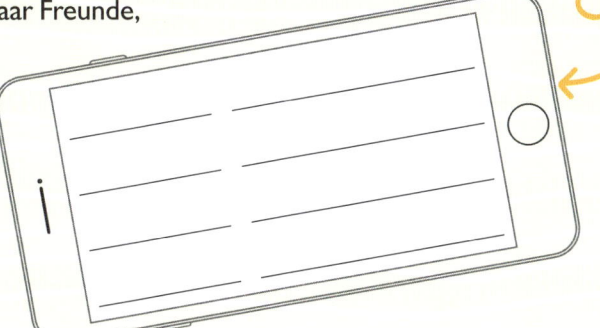

You make me laugh!

Was ist das Lustigste, das dir in letzter Zeit passiert ist? Schreib es hier auf.

Blättere an doofen Tagen zu dieser Seite zurück, um dich von deiner Erzählung aufheitern zu lassen.

It's time for a bubble par-tea!

Sicher kennst du diesen bunten Tee mit den kleinen Kugeln, die im Mund zerplatzen. Aber hast du schon mal versucht, Bubble Tea selbst zu machen? Das ist gar nicht so schwer, wie du vielleicht denkst.

Für den Tee brauchst du:

- 1 Tee deiner Wahl
- 200 ml heißes Wasser
- eventuell etwas Milch

Für die Bubbles brauchst du:

- 2 TL Maisstärke
- 2 TL Wasser
- 3 TL braunen Zucker
- 3 EL Fruchtsaft oder pürierte Früchte deiner Wahl
- 20 g Mehl

Für das Zuckerwasser brauchst du:

- 200 ml Wasser
- 4 EL braunen Zucker

1. Koche zuerst wie gehabt den Tee deiner Wahl. Während der Tee abkühlt, kannst du die Bubbles machen. Dafür vermischst du die Maisstärke mit etwas Wasser, braunem Zucker sowie dem Fruchtsaft beziehungsweise den pürierten Früchten deiner Wahl. Wenn alles gut verrührt ist, stellst du die Mischung für 40 Sekunden bei 450 Watt in die Mikrowelle.

2. Gib nun unter ständigem Rühren das Mehl in die heiße Masse, bis ein fester Teig entsteht.

3. Forme den Teig zu kleinen Kugeln und koche diese für 15 Minuten in Zuckerwasser. Schalte den Herd aus und lass die Bubbles noch ungefähr 5 Minuten im warmen Wasser liegen.

4. Nachdem deine Bubbles etwas abgekühlt sind, kannst du sie mit einem Löffel aus dem Zuckerwasser holen und sie in deinen abgekühlten Tee geben. Wenn du möchtest, kannst du zum Schluss auch noch etwas Milch in deinen Bubble Tea mischen. So yummy! Lass es dir schmecken.

Balm on, Worries gone!

Vielleicht sind auch deine Lippen ab und an mal trocken und spröde. Da das nicht nur super-unangenehm ist, sondern auch nicht schön aussieht, greift man dann schnell zum Lippenbalsam. Das Problem dabei ist, dass viele Lippenbalsame deinen Lippen nur kurzzeitig Feuchtigkeit spenden. Deine Lippen brauchen jedoch nachhaltig Feuchtigkeit. Wie wäre es also mit einem ganz natürlichen selbst gemachten Lippenbalsam?

Du brauchst:

- 10 g Kokosfett
- 10 g Bienenwachs
- 1 TL Honig
- eventuell 1 Stück Lippenstift
- Tiegelchen
- Etikettvorlage

1. Schmelze das Kokosfett, das Bienenwachs und den Honig zusammen im Wasserbad.
2. Wenn du einen Lippenbalsam mit etwas Farbe möchtest, kannst du noch ein Stück von einem farbigen Lippenstift dazugeben.
3. Fülle die Flüssigkeit in kleine Tiegel um und lasse deinen Lippenbalsam aushärten.
4. Zum Schluss kannst du den Tiegel noch mit einem Etikett bekleben und den Balsam direkt verwenden oder verschenken. Bye-bye, trockene und spröde Lippen.

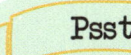

Lippenbalsam

Psst!

So ein Lippenbalsam ist übrigens auch ein tolles Geschenk.

Hier geht's zur Vorlage

m-vg.de/link/girlpower_09

Diamonds Are a Girl's Best Friend

Mit dem richtigen Schmuck kann man jedes noch so langweilige Outfit super-einfach aufpimpen. Doch was ist das? Dort, wo du deine Modeschmuckringe getragen hast, sind jetzt grüne Streifen! Das ist bei Modeschmuck nach einiger Zeit leider ganz normal. Aber um diese unschönen Streifen, die wirklich schwer abgehen, zu vermeiden, kannst du deine Ringe innen einfach mit etwas Klarlack aus deiner Nagellackkollektion einstreichen.

Modeschmuck-Hack

Angeberwissen

Durch Wasser oder Schweiß wird der natürliche Prozess der Oxidation ver-stärkt, der zum Abfärben führt. Der transparente Nagellack verhindert dies.

Get things done!

Manchmal ist einfach so viel zu tun, dass man gar nicht weiß, wo man überhaupt anfangen soll. Dann hilft es, alle Aufgaben auf eine To-do-Liste zu schreiben. Wenn du möchtest, kannst du wichtige To-dos zum Beispiel rot, weniger wichtige gelb und eher unwichtige grün markieren.

Du wirst sehen, sobald du einen Überblick bekommen hast, sieht der Berg an Aufgaben gar nicht mehr so groß aus. Also schnapp dir einen Stift und schreib all deine To-dos auf die folgende Liste.

Listenliebe ♡

Psst!

Da eigentlich jeden Tag To-dos anstehen, kannst du die Liste sooft du möchtest ausdrucken.

Hier geht's zur Vorlage

m-vg.de/link/girlpower_15

Mein Papa ist ein Superheld!

Wusstest du, dass dein Papa ein echter Superheld ist? Er hilft dir immer, wenn du ihn brauchst, und er fängt dich auf, wenn du mal fällst. Und selbst wenn er gerade nicht bei dir ist, hat er immer ein Auge auf dich, um dich zu beschützen. Auch wenn du ihm manchmal sagst, dass du ihn lieb hast, kannst du das deinem Superdad am Vatertag noch einmal besonders zeigen.

Vatertagskarte

Du brauchst:

- Bastelvorlagen
- Schere
- Kleber
- Klarsichthülle
- 1 wasserfesten Folienstift
- Tacker

Hier geht's zu Vorlagen und Video

m-vg.de/link/girlpower_08

1. Drucke und schneide die Vorlagen aus. Während du die Superdad-Vorlage und die kleinere Vorlage mit den seitlichen Klebestreifen auf weißem Papier ausdruckst, kannst du die große Kartenvorlage und die beiden Klebestreifen auch auf buntem Papier drucken.

2. Nachdem du aus der großen Kartenvorlage den Mittelteil auf der einen Seite ausgeschnitten hast, befestigst du auf der anderen Seite die kleinere, auf weißem Papier ausgedruckte Vorlage. Bestreiche dafür die beiden markierten Streifen mit Kleber, um sie dann nach unten zu knicken und auf der Karte zu befestigen. Dadurch sollte eine nach unten und oben geöffnete Tasche entstehen.

3. Danach faltest du die ausgeschnittene Hälfte der großen Kartenvorlage über das weiße Papier, sodass ein Rahmen entsteht. Diesen kannst du mithilfe des überstehenden Streifens auf der Rückseite der anderen Hälfte festkleben.

4. Leg diesen Teil der Karte nun beiseite und schneide ein Stück Klarsichthülle zurecht, das so groß ist wie die Superdad-Vorlage. Tackere das Folienstück am oberen Rand an die Superdad-Vorlage.

5. Um die Tackerklammer zu verstecken, bringst du vorne und hinten jeweils einen der beiden Klebestreifen aus der Vorlage an.

6. Fahre nun die Außenlinien deines Superdads mit einem wasserfesten Folienstift auf der Folie nach.

7. Wenn der Folienstift getrocknet ist, kannst du die Superdad-Vorlage ohne Folie hinter das weiße Papier des zuvor gebastelten ersten Teils der Karte schieben.

8. Danach legst du die Folie vorne über das weiße Papier. So wird dein Schwarz-Weiß-Bild beim Herausziehen der Superdad-Vorlage nach und nach mit Farbe gefüllt. Du hast eben deine ganz eigene Superkraft!

Rundherum wunderschön

Oft können offene Haare stören, da sie ständig ins Gesicht hängen. Statt deine Haare immer zusammenzubinden, kannst du sie auch mit einem schönen Haarband aus deinen eigenen Haaren bändigen.

1. Trenne entlang deines Gesichts einen circa drei Finger breiten Teil deiner Haare ab.
2. Fasse die übrigen Haare in einem Pferdeschwanz zusammen und kämme die abgetrennten Haare alle auf eine Seite.
3. Nimm dir nun zwei Strähnen von den abgetrennten Haaren und lege die obere Strähne vor die untere Strähne.
4. Halte die neue vordere Strähne fest und nimm weitere Haare zur neuen hinteren Strähne hinzu.
5. Drehe die beiden Strähnen nun wieder ein Stück ein, sodass sie den Platz tauschen und du auch zu der anderen Strähne weitere Haare hinzunehmen kannst. Wiederhole dies, bis du auf der anderen Seite angekommen bist und alle abgetrennten Haare eingedreht sind.
6. Befestige deinen eingedrehten Haarkranz mit einem kleinen Haargummi und steck ihn hinter dein Ohr.
7. Mach deinen Pferdeschwanz wieder auf und lass deine restlichen Haare über deine Ohren fallen. Fertig ist ein supersüßer Haarkranz aus deinen eigenen Haaren.

Hier geht's zum Video

m-vg.de/link/girlpower_12

Let's have a picnic!

Hast du schon mal ein richtiges Picknick mit deiner Familie oder deinen Freunden gemacht? Wenn nicht, wird es Zeit, das nachzuholen, und wenn doch, ist heute genau der richtige Tag, um mal wieder ein Picknick zu machen.

Klebe hier ein Erinnerungsfoto vom Picknick ein.

Was du für ein Picknick unbedingt brauchst:

- Snacks, die man leicht mit der Hand essen kann, wie zum Beispiel Sandwiches oder Schokofrüchte
- Servietten
- etwas zu trinken
- einen Müllbeutel
- eine Picknickdecke
- einen Picknickkorb oder einen Rucksack, um alles zu verstauen
- _____
- _____

Du kannst das hier eingeklebte Foto natürlich auch auf Instagram posten, um den tollen Tag mit deinen Freunden zu teilen. Vergiss dabei nicht die Hashtags #teamunique und #100girlpower. Sollten außer dir noch andere Personen auf dem Foto zu sehen sein, frag sie vor dem Hochladen um Erlaubnis.

#teamunique #100girlpower

Bye-bye, Babyhaare!

Du hast dir eine richtig schöne Frisur gemacht,
doch diese frechen kleinen Babyhaare stehen
einfach in alle Richtungen ab? Dann probiere mal
diesen kleinen Trick, um sie zu bändigen: Sprühe
eine alte Zahnbürste mit etwas Haarspray ein und
kämme damit deine Babyhaare an die Stelle, an
der du sie gerne hättest. So kannst du die kleinen
Härchen perfekt in Form bringen, ohne deine
Haare mit zu viel Haarspray zu verkleben.

1 Schaf, 2 Schafe, 3 Schafe ...

Und schon wieder liegst du seit einer Ewigkeit müde im Bett, wälzt dich herum
und versuchst, endlich einzuschlafen. Wenn es einfach nicht klappen will, helfen
dir vielleicht diese drei Tipps:

1. Leg dein Handy schon 30 Minuten vor dem Schlafengehen zur Seite. Zum einen
   kann das blaue Licht des Handybildschirms das Einschlafen erschweren und zum
   anderen kannst du viel besser entspannen, ohne immer noch ein Video anzusehen
   oder noch eine Nachricht zu beantworten.
2. In den so gewonnenen 30 Minuten kannst du dir zum Beispiel eine warme Milch
   mit Honig machen. Die schmeckt nämlich nicht nur superlecker, sondern hilft auch
   dabei, besser einzuschlafen.
3. Und wenn sich dein Gedankenkarussell trotzdem wieder dreht, mach dir doch
   einfach mal leise Einschlafmusik oder ein Hörspiel an.

Willkommen in der Schokoladenfabrik!

Du siehst jeden Tag so viel Werbung und nicht jede davon ist gut. Deswegen ist es an der Zeit, heute mal selbst kreativ zu werden. Stell dir vor, du entwickelst deine eigene Schokolade, für die du natürlich auch eine Verpackung und einen Werbespruch brauchst.

Also lass deiner Kreativität freien Lauf! Designe deine eigene Schokoladenverpackung und überlege dir einen passenden Werbespruch. Kannst du deine eigene Schokolade schon schmecken?

Werbespruch:

Leave me a note!

Ohne Freunde wäre alles nur halb so schön und deswegen dürfen sie natürlich auch in diesem Buch nicht fehlen. Nimm das Buch also einfach mal mit in die Schule und lass deine Freunde nacheinander einen netten Satz reinschreiben. Du darfst dabei aber nicht sehen, wer was schreibt, denn das sollst du an der Handschrift erraten.

Trage zuerst deine Tipps hinter die jeweilige Handschrift ein und frag dann deine Freunde, ob du richtigliegst. So werden die Pausen auf jeden Fall superlustig!

Tipp: Lösung:

Tipp:

Lösung:

Tipp: Lösung:

Tipp: Lösung:

Just say yes!
Just say no!

»Ja« und »Nein« sind kleine Wörter, die schnell gesagt sind, und doch macht es einen großen Unterschied, ob du dich für »Ja« oder »Nein« entscheidest. Deshalb versuche einfach mal, heute öfter »Ja« und morgen öfter »Nein« zu sagen. Schreibe am Abend jeweils auf, wie der Tag gelaufen ist. Sind die Tage anders gewesen?

Sommer märchen

Besondere Tage

_____
_____
_____
_____
_____

Sommer-Bucket-List

Auf dieser Liste kannst du zehn weitere Dinge auf-schreiben, die du diesen Sommer unbedingt ma-chen möchtest. Wenn du einen Punkt erledigt hast, kannst du ihn abhaken. Blättere am Ende des Som-mers wieder zu dieser Seite zurück, um zu sehen, ob du alles erledigt hast oder ob du das eine oder andere noch nachholen möchtest.

- Mach Limonade selbst ☐
- Gehe ins Freibad ☐
- Veranstalte eine Wasserbombenschlacht ☐
- Pflücke ein paar Beeren ☐
- Zelte im Garten ☐

- _____ ☐
- _____ ☐
- _____ ☐
- _____ ☐
- _____ ☐
- _____ ☐
- _____ ☐
- _____ ☐
- _____ ☐
- _____ ☐

Fotoalbum mal anders

Fotos sind mit die schönsten Erinnerungen, die wir haben, und damit auch eines der schönsten Geschenke. Statt die Fotos nur auszudrucken und in ein klassisches Fotoalbum zu kleben, kannst du daraus auch ein Foto-Leporello mit echtem Überraschungsfaktor basteln.

Du brauchst:

- 3 Vierecke (10 x 10 cm) aus buntem Papier
- mindestens 5 Fotos (5 x 5 cm)
- Kleber
- Schere

Hier geht's zum Video

m-vg.de/link/girlpower_16

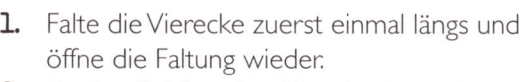

1. Falte die Vierecke zuerst einmal längs und öffne die Faltung wieder.
2. Drehe die Vierecke, falte sie diagonal und öffne auch diese Faltung.

3. Drehe die Vierecke ein weiteres Mal, falte sie noch einmal längs und öffne die Faltung wieder.

4. Streiche eine Spitze der Vierecke, die nicht durch die diagonale Faltung aus Schritt 2 geteilt werden, mit Kleber ein. Orientiere dich dabei an den durch die Faltung entstandenen kleinen Vierecken und achte darauf, dass die diagonale Faltung von oben nach unten verläuft, also nicht zusammengeklebt wird.

5. Klebe die Vierecke nun jeweils an den Spitzen zusammen. Wenn du möchtest, kannst du noch weitere Vierecke ergänzen, um dein Leporello zu erweitern. Wichtig ist nur, dass es sich am Ende um eine ungerade Anzahl an Vierecken handelt.

6. Verziere die fertige Form mit Fotos oder beschrifte sie.

7. Nun drückst du die diagonale Faltung des ersten großen Vierecks nach oben zu den Bildern beziehungsweise deiner Beschriftung.

8. Die diagonale Faltung des zweiten großen Vierecks drückst du im Gegensatz dazu nach unten.

9. Abschließend drückst du die diagonale Faltung des dritten großen Vierecks wieder nach oben. Hast du weitere Vierecke ergänzt, drückst du die diagonalen Faltungen weiterhin abwechselnd nach oben und nach unten.

10. Wenn du alle Faltungen gut angedrückt hast, solltest du dein Foto-Leporello ganz leicht zusammendrücken und auseinanderziehen können.

11. Jetzt fehlt nur noch ein bisschen Deko auf dem Deckel und schon hast du ein richtig tolles Minifotoalbum mit Wow-Faktor.

Splish, Splash!

Eine kühle Dusche nach einem heißen Sommertag ist einfach toll. Aber weißt du, wie diese Dusche gleich noch mehr Spaß macht? Mit selbst gemachten Duschjellys natürlich! Die haben nämlich nicht nur eine lustige Konsistenz, sondern schäumen auch richtig gut.

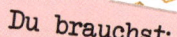

Du brauchst:

- 150 ml Duschgel
- 1 Päckchen Gelatine
- 100 ml Wasser
- Lebensmittel-/ Seifenfarbe
- essbaren Glitzer
- Einmachglas
- Silikonform

Duschjellys

1. Bereite die Gelatine mit Wasser gemäß der Packungsanleitung zu.
2. Gib unter ständigem Rühren nach und nach das Duschgel hinzu. Wenn alles gut durchgerührt ist, kannst du noch Lebensmittel- beziehungsweise Seifenfarbe und essbaren Glitzer untermischen.
3. Fülle die Flüssigkeit in eine Silikonform und stelle die Duschjellys für mindestens 2 Stunden in den Kühlschrank.
4. Drücke die Duschjellys aus der Silikonform und verpacke alle Duschjellys, die du nicht direkt zum Duschen verwendest, in einem luftdichten Glas. Wenn du möchtest, kannst du das Glas zum Abschluss noch mit einem Etikett verzieren. Und jetzt: Wasser marsch!

Hier geht's zur Vorlage

m-vg.de/link/girlpower_09

Aus Alt mach Neu!

Du hast keine Lust mehr auf deine langweiligen Basic-Tops? Kein Problem, denn mit einem kleinen Trick kannst du jedes Basic-Top in ein supercooles Cross-Top verwandeln.

1. Ziehe dein Top zunächst ganz normal an.
2. Nimm dann einen der beiden Träger und ziehe ihn über deinen Kopf, sodass er quer über deine Brust verläuft.
3. Wenn du auch den zweiten Träger über den Kopf gezogen hast, sollten sich die Träger über deiner Brust kreuzen.
4. Jetzt kannst du alles noch ein bisschen zurechtzupfen und schon hast du dein Basic-Top in ein supercooles Cross-Top verwandelt. Hey, Fashiongirl!

Alles Gute kommt zu dir zurück

Am Ende des Tages kannst du hier festhalten, was du heute Gutes getan hast, und spätestens dann wirst du merken, dass Gutes tun nicht nur anderen hilft, sondern auch dich glücklich machen kann.

Oft sind es die kleinen Dinge, die die Welt oder vielleicht auch nur den Tag einer anderen Person ein bisschen besser machen. Deswegen achte heute doch mal besonders darauf, ob du jemanden siehst, dem du helfen kannst. Und falls du spontan keine Idee hast, wie oder wem du helfen könntest, findest du hier ein bisschen Inspiration.

☐ Biete jemandem deinen Platz in der Bahn oder im Bus an.
☐ Halte jemandem die Tür auf, der nach dir kommt.
☐ Spende einem Straßenmusiker ein bisschen Geld.
☐ Frag einfach mal andere, ob und wie du ihnen helfen kannst.

Turn it upside down!

Du hast ein superlangweiliges Basic-T-Shirt, das du kaum noch anziehst? Dann dreh es doch einfach mal um und mach ein cooles neues It-Piece daraus.

1. Drehe dein T-Shirt um, sodass du deinen Kopf zuerst durch den Halsausschnitt steckst. Dieser wird nämlich der untere Bund von deinem neuen Crop-Top. Nimm dafür am besten ein Stretch-Shirt oder ein Shirt mit einem weiten Halsausschnitt, damit dein neues Top am Bauch richtig gut sitzt.

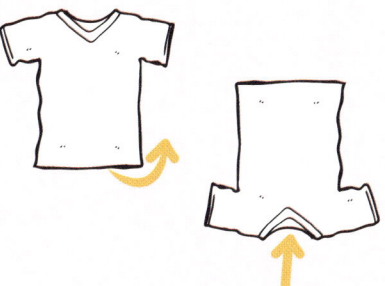

2. Stecke die Arme wie gewohnt durch die Ärmel.
3. Drapiere das T-Shirt nun in einer der drei Varianten um deine Schultern. Wenn dir dein neues Crop-Top zu kurz ist, kannst du wie auf den Bildern einfach noch ein schönes Top darunterziehen.

Hier geht's zum Video

m-vg.de/link/girlpower_25

Frühaufsteher? Langschläfer!

Wann hast du eigentlich das letzte Mal so richtig ausgeschlafen, ohne dir einen Wecker zu stellen? Gönn dir mal wieder einen richtigen Langschläfertag und bleib so lange im Bett, wie du möchtest. Fülle danach den Schlaftracker aus.

Schlafdauer: _____ Stunden ⭐ Schlafqualität: 🐑 🐑 🐑 🐑 🐑

Traum: _____

_____

_____

LOL – Laughing Out Loud

Du kennst den besten Witz aller Zeiten, der dich schon beim Erzählen so heftig zum Lachen bringt, dass du gar nicht mehr aufhören kannst? Dann schreib ihn hier auf!

_____

_____

_____

_____

Alles Banane?

Du könntest im Sommer jeden Tag Eis essen? Dann probiere doch mal gefrorene Schokobananen als etwas gesündere Alternative!

Du brauchst:

- 1 Banane
- 2 Spieße
- 50 g geschmolzene Schokolade
- Streusel zum Verzieren

1. Schäle die Banane und schneide sie in zwei gleich große Hälften.
2. Stecke jeweils einen Spieß in die Schnittkante und lege die Bananen für mindestens 1 Stunde in den Gefrierschrank.
3. Kurz bevor du die Bananen aus dem Gefrierschrank nimmst, kannst du die Schokolade zerkleinern und sie in einem Wasserbad schmelzen.
4. Nun tauchst du die gefrorenen Bananen in die flüssige Schokolade und legst sie zum Trocknen auf einen Teller mit Backpapier. Wenn du möchtest, kannst du die Bananen noch mit Streuseln verzieren, bevor die Schokolade hart wird.
5. Sobald die Schokolade hart geworden ist, kannst du deine gefrorenen Bananen auch schon essen. Lass es dir schmecken!

Angeberwissen

Wusstest du, dass Bananen echte Stresskiller sind? Das enthaltene Kalium sorgt dafür, dass dein Gehirn mit genügend Sauerstoff versorgt wird. Dadurch wird dein Stresspegel gesenkt. Dieser Bananensnack ist also perfekt für jede Lernpause!

Gefrorene Schokobananen

Ein bisschen Glitzer geht immer

Sicher kennst du diese coolen Klebetattoos in Metallic-farben, die besonders im Sommer ein tolles Highlight sind. Aber hast du schon mal probiert, deine Frisur mit so einem Tattoo aufzupimpen?

1. Mache dir eine schöne Frisur, bei der du zumindest einen Teil der Haare zusammenbindest, sodass es eine Stelle gibt, wo deine Haare eng am Kopf anliegen. Sprühe diese Stelle mit Haarspray ein und drücke alle abstehenden Härchen an.

2. Suche dir ein Klebetattoo aus und zieh die Schutz-folie ab.

3. Platziere das Tattoo an der Stelle, die du gerade mit Haarspray vorbereitet hast, und drück es gut an.

4. Nimm einen feuchten Lappen und drücke ihn auf das Tattoo, bis dieses komplett durchweicht ist.

5. Zieh das Tattoopapier nun vorsichtig ab. Sollten noch Tattooreste am Papier kleben, kannst du das Tattoopapier zurücklegen und den feuchten Lappen noch einmal auf diese Stellen drücken.

6. Wenn du das Papier abgezogen hast, kannst du dein cooles Glitzer-Haartattoo noch mit Haarspray fixieren und schon hast du ein richtiges Highlight in deiner Frisur.

Um das Tattoo wieder abzubekommen, musst du deine Haare vor dem Duschen ordentlich durchbürsten, sodass du die losen Glitzerflocken einfach auswaschen kannst.

Ein eiskalter Start in den Tag

Alles, was glänzt, ist toll, oder? Na ja, nicht ganz, denn wer möchte schon, dass die Haut ständig ölig ist und glänzt. Durch die Hitze und fettige Sonnencreme glänzt die Haut im Sommer aber leider besonders oft. Doch mit einem kleinen Trick am Morgen kannst du diesen öligen Glanz ganz einfach verhindern.

Wassermelonen-Eiswürfel

Püriere etwas Wassermelone und gib das Püree in eine Eiswürfelform. Friere das Melonenpüree über Nacht ein und reibe dir am Morgen mit dem Eiswürfel über das Gesicht. Trockene dir danach kurz das Gesicht und trage anschließend wie gehabt deine Pflege auf. Ein cooler Nebeneffekt ist, dass die Eiswürfel dich wach machen und sogar kleinere Rötungen und Pickel verschwinden lassen können.

Was für ein Tag!

Hey du, wie war dein Tag heute? Spontan wirst du darauf wahrscheinlich erst einmal so etwas wie »gut« oder »geht so« antworten, doch wie würdest du deinen Tag mit fünf Worten beschreiben?

Shake it, Shake it, Baby!

Wahrscheinlich ist dein Notizbuch voll mit Hausaufgaben, tollen Ideen oder Dingen, die du dir merken willst. Kurzum, du nutzt es wirklich oft. Und genau deswegen solltest du es dringend ein bisschen aufpimpen. Also, let's shake it!

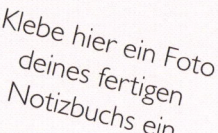

Klebe hier ein Foto deines fertigen Notizbuchs ein.

Mein Shaker-Notizbuch

Du brauchst:

- dein Notizbuch beziehungsweise Hausaufgabenheft
- weißes und/oder buntes Papier
- 1 kleine transparente Zippertüte
- Glitzer
- Schere
- Kleber

1. Beklebe das Buch mit einem bunten Papier.
2. Schneide dann aus der Mitte eines weiteren Papiers eine Form deiner Wahl aus, zum Beispiel ein Herz.
3. Lege dieses Papier auf dein beklebtes Notizbuch und fahre die Form mit einem Bleistift nach.
4. Nimm eine transparente Zippertüte, die die gesamte Form bedeckt, und befülle sie mit Glitzer.
5. Verschließe die Tüte und klebe sie vorsichtshalber noch oben fest zu, bevor du sie über der skizzierten Form befestigst.
6. Klebe nun das Papier mit der ausgeschnittenen Form darüber.
7. Zum Schluss kannst du dein Notizbuch noch beschriften und die Ränder mit Washi Tape oder Perlen verzieren.

Hier geht's zum Video

m-vg.de/link/girlpower_17

Wer bin ich?

Hast du dich schon mal gefragt, welcher Typ Mädchen du bist und wie andere dich sehen? Mit diesem kurzen Test kannst du es herausfinden. Kreise die Zahlen vor deinen Antworten ein, um deine Punkte am Ende zusammenzurechnen.

 1. **Wo verbringst du deine Freizeit am liebsten?**

1   Im Einkaufszentrum, denn ich liebe Shoppen!

4   Zu Hause, wo ich meine Lieblingsserie sehen oder ein Buch lesen kann.

3   In einem gemütlichen Café mit meinen Freundinnen.

2   In der Bibliothek, denn dort gibt es so viel zu entdecken.

 2. **Ein Gruppenreferat steht an. Was hältst du davon?**

1   Ich mag Gruppenreferate nur, wenn ich sie mit meinen Freunden machen kann, denn das ist immer richtig lustig.

2   Gruppenreferate sind absolut mein Ding. Ganz egal mit wem, ich schnapp mir die 1.

4   Na ja, das Erstellen ist nicht das Problem, eher der Vortrag selbst macht mir zu schaffen.

3   Auch wenn viel Arbeit an mir hängen bleibt, kann ich bei Gruppenreferaten immerhin anderen helfen.

 3. **Am liebsten trage ich …**

4   Jeans und Sneaker, denn das geht immer.

1   ein cooles, ausgefallenes Outfit, denn mein Motto ist »Dress to impress«.

2   bequeme Kleidung, denn ich muss mich wohlfühlen.

3   bunte, fröhliche Kleidung, denn das macht mir stets gute Laune.

4. Wie viele Freunde hast du?

4   Ich habe eine allerbeste Freundin, mit der ich über alles reden kann.

3   Ich habe lieber wenige gute als viele falsche Freunde.

2   Obwohl ich eher wenige enge Freunde habe, habe ich viele Bekannte.

1   Mein Freundeskreis ist wirklich ziemlich groß.

5. Wie gehst du mit Streit um?

4   Ich versuche, jedem Streit aus dem Weg zu gehen, auch wenn ich dafür die Schuld auf mich nehmen muss.

3   Ich versuche, den Streit immer sofort zu klären, denn oft handelt es sich nur um ein doofes Missverständnis.

1   Ich versuche einfach, vom Streit abzulenken und stattdessen eine lustige Geschichte zu erzählen.

2   Ich schlage vor, dass sich alle Beteiligten erst einmal beruhigen, um später darüber zu reden.

Für jede Antwort bekommst du unterschiedlich viele Punkte, die jeweils vor der Antwort stehen. Zähle jetzt deine Punkte zusammen und trag sie hier ein:

Blättere nun zu Seite 235 vor, um zu sehen, welcher Typ du bist.

Yummy, das ist koköstlich!

Wer denkt bei Kokos nicht an Sonne, Strand und Meer. Aber da du ja leider nicht ständig im Urlaub sein kannst, hol dir das Urlaubsfeeling mit diesen selbst gemachten Kokoskugeln doch einfach nach Hause.

Du brauchst:

- 200 g weiße Schokolade
- 80 g Puderzucker
- 1 Päckchen Vanillinzucker
- 80 g Butter
- 3 EL Orangensaft
- 150 g Kokosraspel
- Kokosraspel zum Wälzen

⭐ Kokoskugeln

1. Zerkleinere und erhitze die weiße Schokolade im Wasserbad, bis sie cremig ist. Das Wasser darf dabei auf keinen Fall kochen, da die Schokolade sonst bröselig wird.
2. Währenddessen kannst du die Butter in der Mikrowelle erwärmen, um sie dann mit Puderzucker und Vanillinzucker zu einer Masse zu verrühren.
3. Gib nun unter ständigem Rühren nach und nach die warme Schokolade hinzu.
4. Wenn die Schokolade gut mit der Masse vermengt ist, misch noch den Orangensaft sowie die Kokosraspel darunter.
5. Forme den fertigen Teig zu kleinen Kugeln und wälze sie abschließend in einer Schale mit Kokosraspeln.
6. Stell die Kugeln am besten für 1 bis 2 Stunden in den Kühlschrank, bevor du sie dir schmecken lässt. Denn schon nach dem ersten Bissen heißt es »Bye-bye, Alltag, hello, Urlaubsfeeling!«

Psst!

Dieses Urlaubsfeeling in Form deiner Kugeln kannst du auch toll verschenken.

Hier geht's zur Vorlage

m-vg.de/link/girlpower_09

Normal kann jeder

Schon in der Grundschule hast du gelernt, wie du deine Schuhe binden kannst. Wie bei so vielen anderen Dingen bleibt man dann ein Leben lang bei dieser Art, die Schuhe zu binden. Aber wieso, wenn man sie doch eigentlich gar nicht binden muss?

1. Leg das Schuhband auf einer Seite um deinen Finger und umwickle dann den Teil zwischen deinem Finger und dem Schuh viermal locker vom Finger zum Schuh mit dem restlichen Schuhband.
2. Schiebe das Ende des Schuhbands vom Schuh Richtung Finger durch die so entstanden Schlaufen, zieh es aber nicht fest. Wichtig dabei ist, dass du das Schuhband auch durch die letzte Schlaufe, also die um deinen Finger, ziehst.
3. Wenn du das auf beiden Seiten gemacht hast, legst du die beiden Schuhbänder zur Mitte.
4. Nimm nun jeweils das Ende eines Schuhbands und zieh es durch die soeben entstandenen Schlaufen des gegenüberliegenden Bandes.
5. Zieh an den Enden, um deine Schuhe zusammenzubinden.
6. Um deine Schuhe wieder zu öffnen, kannst du die beiden Rollen in der Mitte einfach wieder auseinanderziehen. Beim nächsten Anziehen ziehst du sie dann wieder zusammen. Diese Technik sieht also nicht nur cool aus, sondern erspart dir auch das Schuhebinden.

Hier geht's zum Video

m-vg.de/link/girlpower_26

79

Wenn kein Lüftchen weht

Ein weiterer heißer Tag und keine Abkühlung in Sicht? Dann solltest du dich definitiv vorbereiten und dir einen richtig coolen Melonenfächer basteln, der nicht nur süß aussieht, sondern auch für die nötige Abkühlung sorgt.

Du brauchst:

- 2 rosa/rote Bastelpapiere (21 x 21 cm)
- 2 hellgrüne Streifen aus Bastelpapier (1 x 21 cm)
- 2 dunkelgrüne Streifen aus Bastelpapier (1 x 21 cm)
- schwarzer Filzstift
- 1 Schnur
- Kleber
- 2 Eisstiele

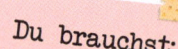

Hier geht's zum Video

m-vg.de/link/girlpower_18

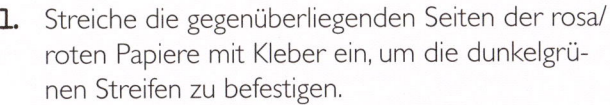

1. Streiche die gegenüberliegenden Seiten der rosa/roten Papiere mit Kleber ein, um die dunkelgrünen Streifen zu befestigen.
2. Klebe direkt darunter die hellgrünen Streifen.
3. Male nun mit einem schwarzen Filzstift einige Wassermelonenkerne auf das rosa/rote Papier.
4. Falte die Wassermelonenpapiere abwechselnd in circa 1 cm breiten Streifen nach hinten und nach vorne, sodass eine Ziehharmonika entsteht. Achte dabei darauf, dass du quer zu den grünen Streifen faltest.
5. Wenn du alles gefaltet hast, klebst du die beiden Wassermelonenteile zusammen.
6. Umwickle die Wassermelonen-Ziehharmonika in der Mitte mehrmals mit einer Schnur, die du dann verknotest.
7. Klebe die so entstandenen Flügel auf einer Seite zusammen, damit ein Halbkreis entsteht.
8. An den beiden anderen Kanten befestigst du nun noch jeweils einen Eisstiel.
9. Jetzt kannst du deinen Wassermelonenfächer mit den beiden Eisstielen zu einem Kreis auseinanderziehen und dir kühle Luft zufächern. Juhu!

Sorry, my weekend is booked

Man sagt, dass jedes Buch wie eine kleine Welt ist, die man in Händen hält. Wie wäre es also mal wieder, in eine andere Welt einzutauchen? Such dir einfach ein Buch aus, das dir gefällt, mach es dir gemütlich und beginne zu lesen. Falls du noch einen Buchtipp brauchst, ist vielleicht eines dieser Bücher etwas für dich:

Harry Potter von J. K. Rowling
Ein echter Klassiker, den man immer wieder lesen kann

Die Tribute von Panem von Suzanne Collins
Eine Geschichte, wie du sie noch nie gelesen hast

Die Rubinrot-Reihe von Kerstin Gier
Ein bisschen Romantik für jede Zeit

Für welches Buch hast du dich entschieden?
Trage es hier ein:

_____

Sportskanone oder Couch-Potato?

Beantworte diese vier Fragen, um herauszufinden, ob du eine echte Sportskanone bist oder eher zur Fraktion Couch-Potato gehörst. Kreise dabei jeweils die Antwort ein, die eher auf dich zutrifft.

Frage	Antwort 1	Antwort 2
Bist du nach dem Treppensteigen außer Puste?	Ja klar!	Nein, wieso?
Kannst du mit deinen Fingern im Stehen die Zehen berühren?	Autsch, das tut weh!	Ist doch super-easy!
Wie viele Liegestütze schaffst du?	Ähm, keine?	5 Stück schaff ich locker.
Kannst du auf einem Bein stehen ohne dich festzuhalten?	Ui, ui, ui, ganz schön wackelig!	Klar doch, kein Problem.

Zähle nun nach, wie viele Antworten du jeweils in der rechten und in der linken Spalte eingekreist hast.

Links: ―――――――

Rechts: ―――――――

Blätter nun zu Seite 236, um die Auswertung deiner Antworten zu sehen.

Flechten 2.0

So ein geflochtener Zopf geht irgendwie immer – ein echter Klassiker eben. Aber vielleicht wird es deswegen auch Zeit, diesen Klassiker ein bisschen abzuwandeln, um was Neues auszuprobieren.

1. Für einen Snake Braid flichtst du deine Haare zuerst einmal zu einem kleinen Zopf.
2. Wenn du unten angekommen bist, hältst du die mittlere Strähne fest, während du die beiden äußeren Strähnen zusammenfasst und entlang der mittleren Strähne nach oben schiebst.
3. Dadurch entsteht ein cooles Schlangenmuster um die mittlere Strähne, das du nun nur noch mit einem kleinen Haargummi befestigen musst.
4. Den fertigen Snake Braid kannst du zum Schluss noch mit einer Haarklammer feststecken und schon hast du ein bisschen Abwechslung zum klassischen Flechtzopf.

Hier geht's zum Video

m-vg.de/link/girlpower_23

Willkommen im Nagelstudio!

Nägel lackieren macht mega Spaß. Doch auf dem Nagel selbst neue Designs zu testen ist gar nicht so einfach. Deswegen zeichne am besten erst einmal hier ein paar coole neue Nageldesigns, bevor du sie auf deinen Nägeln ausprobierst.

Let it bloom!

Blumen sind einfach wundervoll, denn mit all ihren Formen und Farben können sie auch einen doofen Tag ein bisschen schöner machen. Und genau deswegen sind sie die perfekte Deko für dein Zimmer. Statt aber einfach Blumen in eine Vase zu stellen, kannst du auch einen tollen Flower Letter aus dem Anfangsbuchstaben deines Namens basteln.

Du brauchst:

- Karton
- Bleistift
- Schere
- Farbe deiner Wahl
- Heißkleber
- Kunstblumen
- Taschentücher

Hier geht's zum Video

m-vg.de/link/girlpower_19

1. Zeichne deinen Buchstaben auf ein Stück Karton. Wenn du magst, kannst du dir den Buchstaben dafür auch vorher ausdrucken, um ihn abzupausen.

2. Schneide den Buchstaben aus dem Karton aus.

3. Dreh den Buchstaben um und bemale die Rückseite mit einer Farbe deiner Wahl. Das Umdrehen ist wichtig, da nur die Außenseite bemalt werden muss und dein Buchstabe sonst eventuell spiegelverkehrt ist.

4. Während die Farbe trocknet, kannst du dir mehrere circa 5 cm breite Streifen aus Karton ausschneiden und diese ebenfalls auf einer Seite mit einer Farbe deiner Wahl bemalen.

5. Sobald alles getrocknet ist, streichst du die Kartonstreifen an der unteren Kante mit Heißkleber ein, um sie an deinen Buchstaben anzukleben. Drücke dafür den Kartonsteifen an die Kante deines Buchstabens und wiederhole das, bis dein kompletter Buchstabe eine Kartonwand hat.

6. Jetzt musst du nur noch die Kunstblumen in deine Buchstabenform kleben und einen geeigneten Platz für deinen Flower Letter finden.

Kleiner Tipp:
Wenn du magst, kannst du den Buchstaben vorher auch mit ein paar Papiertaschentüchern ausstopfen, die du am besten festklebst, damit die Blumen besser halten.

Just breathe!

Wenn dein Tag superstressig war, dir die Motivation fehlt oder gar nichts klappen will, solltest du dir einfach mal einen Moment für dich nehmen und dir eine Atempause gönnen. Je nachdem, wie viel Zeit du hast, kannst du dabei eine der drei folgenden Meditationsübungen ausprobieren.

1-Minute-Meditation

Setz dich im Schneidersitz auf den Boden, lege deine Arme locker auf die Knie und schließe die Augen. Atme jetzt mehrmals tief ein und aus und konzentriere dich dabei nur auf deinen Körper und dich. Spüre, wie sich deine Brust hebt und senkt und wie du immer entspannter wirst. Wenn du möchtest, kannst du für zusätzliche Entspannung auch leise Meditationsmusik anmachen.

3-Minuten-Meditation

Bleibe fest mit beiden Füßen auf dem Boden stehen, schließ die Augen und stell dir vor, wie dicke, starke Wurzeln aus deinen Füßen wachsen und dir Halt geben. Atme tief ein und aus. Spüre, wie fest du mit dem Boden verankert bist und wie viel Kraft dadurch durch deinen Körper strömt. Sobald du genug Kraft getankt hast, stellst du dir vor, wie sich die Wurzeln wieder zurückziehen und du deine Beine langsam lösen kannst.

5-Minuten-Meditation

Lege dich auf den Rücken, schließ deine Augen und lass deine Hände unterhalb von deinem Bauchnabel liegen, sodass du spürst, wie sich dein Bauch beim tiefen Ein- und Ausatmen hebt und senkt. Stell dir nun einen Ort vor, an dem du dich richtig wohlfühlst. Füg in Gedanken nach und nach immer mehr Details hinzu, bis es sich so anfühlt, als wärst du wirklich dort. Genieße den Ort, nimm noch ein, zwei tiefe Atemzüge und kehre dann ins Hier und Jetzt zurück.

Cotton Candy Clouds

Bestimmt hast auch du als kleines Kind die verrücktesten und lustigsten Figuren in den fluffigen Wolken gesehen. Warum hört man irgendwann damit auf, all diese Wolkenfiguren zu sehen, obwohl es doch so viele zu entdecken gibt? Eigentlich gibt es dafür keinen Grund. Also leg dich doch mal wieder in eine Wiese und beobachte die Wolken, errate Wolkenfiguren und zeichne die schönsten, verrücktesten und lustigsten hier ein.

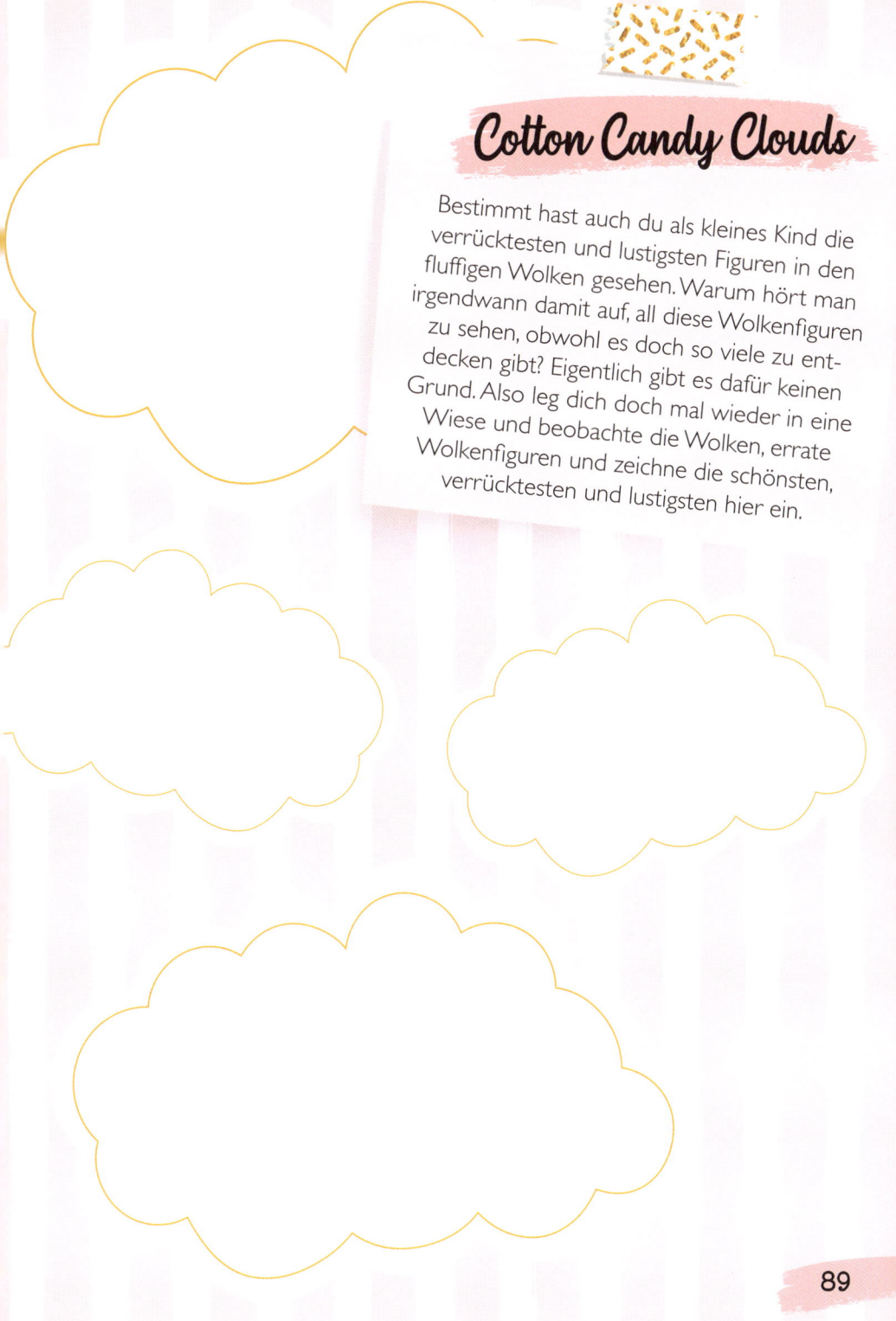

Let's draw!

Wusstest du, dass das Ausmalen eines Mandalas nicht nur superentspannend ist, sondern auch konzentrationsfördernd wirkt? Nein? Dann probier es einfach mal aus. Such dir ein paar Stifte zusammen, lass deiner Kreativität freien Lauf und male dieses Mandala so aus, wie es dir gefällt.

Auf sie mit Geschrei!

Heute ist der perfekte Tag, um mal wieder etwas richtig Verrücktes zu tun. Also schnapp dir ein paar Freunde und befüllt gemeinsam einige Wasserbomben und Wasserpistolen. Sobald jeder gerüstet ist, kann die große Wasserschlacht beginnen. Wer am Ende klitschnass ist und wer es schafft, relativ trocken zu bleiben, könnt ihr in der Liste unten festhalten. Doch egal, wie nass du wirst, diese Schlacht wird ein Riesenspaß!

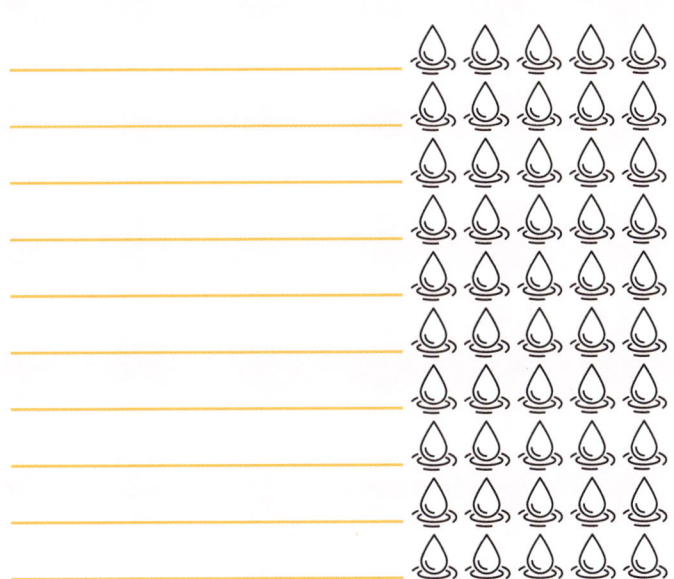

Selfmade Slushi-Eis

Wer kennt sie nicht, die Automaten, in denen sich das kunterbunte, zungenfärbende Slushi-Eis dreht. Aber wusstest du, dass du mit nur einer Zutat ganz einfach dein eigenes Sushi-Eis machen kannst?

Du brauchst:

- 200 ml Saft deiner Wahl
- Eiswürfel
- 50 g Salz
- 2 Zipperbeutel
- 1 Handtuch

1. Gib den Saft in einen Zipperbeutel und verschließe ihn sicher.
2. Stecke den mit Saft gefüllten Zipperbeutel in einen größeren Zipperbeutel und bedecke ihn dort mit Eiswürfeln.
3. Gib nun 50 g Salz in den größeren Zipperbeutel, um eine chemische Reaktion auszulösen, die das Eis noch kälter macht.
4. Wickle den gut verschlossenen großen Zipperbeutel in ein Handtuch ein und schüttle alles 5 Minuten lang richtig gut durch.
5. Nun sollte sich dein Saft in Slushi-Eis verwandelt haben, das du nur noch in ein Glas füllen musst.

Slushi-Eis

Mein Lieblingsspruch

Egal, ob deine Lieblingssprüche dich motivieren, glücklich machen oder dir dabei helfen, an dich zu glauben, schreib sie hier auf und komm zu dieser Seite zurück, wenn du ein bisschen Motivation, Aufmunterung oder Selbstbewusstsein brauchst.

*If you can dream it.
you can do it!*

Walt Disney

*Wir müssen ja
sowieso denken.
warum dann nicht
gleich positiv?*

*Don't forget
to love
yourself!*

Tape it!

Du liebst es, deine Handyhüllen immer mal wieder zu wechseln, aber jedes Mal eine neue zu kaufen ist dir zu teuer? Kein Problem, denn mit ein bisschen Washi Tape kannst du deine Hülle ganz individuell gestalten. Und wenn es dir mal wieder zu langweilig wird, ziehst du das Tape einfach ab und beklebst die Hülle neu.

Du brauchst:

- verschiedene Washi Tapes
- Handyhülle
- Schere
- eventuell Klebeperlen

1. Starte am besten in der rechten unteren Ecke und klebe einen Washi-Tape-Streifen bis fast zur Mitte der Handyhülle. Leg einen zweiten Washi-Tape-Streifen quer zu dem ersten Streifen an.

2. Wechsel nun die Seiten und klebe das erste Washi Tape von rechts und das zweite von links, sodass immer wieder Dreiecke aus den Washi Tapes entstehen.

3. Wenn du die komplette Hülle beklebt hast, kannst du die überstehenden Reste ab- und die Kameraöffnungen freischneiden.

4. Zum Schluss kannst du die Hülle noch mit Klebeperlen verzieren. Fertig! Nun kannst du deine neue megacoole Handyhülle wieder auf deinem Handy befestigen.

Dream a little dream with me!

Leider kann man sich oft nicht mehr an den beziehungsweise die Träume der letzten Nacht erinnern und wenn doch, vergisst man sie schon wenige Minuten nach dem Aufstehen. Leg dir das Buch daher neben dein Bett und schreibe deinen Traum auf, sobald du aufgewacht bist. Hoffentlich war es ein richtig schöner Traum.

_____

_____

_____

This or That?

Kreuze jeweils das an, was du im Sommer lieber machst. Falls dir noch ein paar Punkte für deine Sommer-Bucket-List auf Seite 63 fehlen, kannst du anschließend dort noch den einen oder anderen Punkt aus der This-or-That-Liste ergänzen.

☐	im Meer schwimmen	**oder**	im Pool baden	☐
☐	Limonade trinken	**oder**	Eisschokolade schlürfen	☐
☐	einen Bikini tragen	**oder**	einen Badeanzug anziehen	☐
☐	den Sonnenaufgang erleben	**oder**	den Sonnenuntergang beobachten	☐
☐	auf ein Outdoorkonzert gehen	**oder**	ein Freiluftkino besuchen	☐

Smile, Sparkle, Shine!

Lipgloss zaubert zwar einen tollen Schimmer auf die Lippen, doch leider ist er oft auch ziemlich klebrig. Genau deswegen bleiben immer wieder Haare an den Lippen hängen, und das ist nicht nur nervig, sondern es sorgt auch für verklebte, strähnige Haare. Aber deswegen auf Lipgloss verzichten? Sicher nicht! Stattdessen kannst du einfach direkt nach dem Auftragen mit einem Eiswürfel über deine Lippen fahren. So verliert der Lipgloss seine Klebrigkeit, nicht jedoch seinen tollen Glanz. Also lass deine Lippen schimmern, glänzen und glitzern!

Das macht mich glücklich!

Bilder sagen manchmal mehr als 1000 Worte und deswegen ist hier Platz für ein Bild, das dich glücklich macht. Das kann ein Foto von dir, deinen Freunden oder deiner Familie sein, es kann aber genauso gut ein frei verfügbares Bild aus dem Internet mit einer süßen Katze oder einem coolen Spruch sein.

#happyme

Long hair, do care

Viele Mädels wünschen sich wunderschöne lange und am besten auch noch dicke Haare. Selbst wenn du nicht solche Haare hast, kannst du zumindest bei deinem Pferdeschwanz ein bis zwei Zentimeter dazuschummeln.

1. Statt dir einen normalen Pferdeschwanz zu machen, bindest du zuerst einmal nur die obere Partie in einen Pferdeschwanz.
2. Mache dir nun mit den restlichen Haaren etwas tiefer einen zweiten Pferdeschwanz.
3. Toupiere den oberen Pferdeschwanz mit einem Kamm, damit er den unteren gut überdeckt.
4. Lege jetzt den oberen über den unteren Pferdeschwanz und schon hast du einen etwas längeren Zopf.

Ich hab nichts anzuziehen!

Egal, wie viele Teile du auch aus deinem Schrank ziehst – keines ist das Richtige. Ausgerechnet dann, wenn man keine Zeit hat, findet man kein passendes Outfit. Also nimm dir heute mal Zeit, deinen Schrank durchzusehen und neue Outfits zusammenzustellen. Probiere alles aus, was dir gerade einfällt, denn manchmal sind die verrücktesten Looks die coolsten.

Immer wenn du ein Outfit gefunden hast, das dir richtig gut gefällt, machst du ein Foto. Diese Fotos kannst du in einem Outfit-Ideen-Ordner auf deinem Handy speichern und wenn du mal wieder »nichts« anzuziehen hast, kannst du einfach die Bilder in diesem Ordner durchschauen.

Schöne Nägel im Handumdrehen

Die Nägel sind lackiert und alles ist perfekt. Und dann passiert es: Du kommst aus Versehen an den Lack und schon ist ein Fingerabdruck oder eine Delle im Lack. Jetzt musst du noch einmal von vorne beginnen – sooo ärgerlich! Aber wieso muss das auch immer so lange dauern? Muss es nicht!

Fülle vor dem Lackieren eine Schale mit kaltem Wasser und ein paar Eiswürfeln und halte deine lackierten Nägel für circa 1 Minute ins Eiswasser. Danach ist der Lack fest und du musst keine Angst mehr vor Fingerabdrücken oder Dellen haben.

Frozen Yoghurt Bites

Ein weiterer heißer Sommertag und du bist mal wieder auf der Suche nach einem erfrischenden Snack für zwischendurch? Dann sind diese megaleckeren Frozen Yoghurt Bites genau das Richtige für dich.

Du brauchst:

- 300 g Joghurt deiner Wahl
- verschiedene Toppings deiner Wahl

1. Lege einen Teller mit Backpapier aus und streiche den Joghurt darauf. Wenn du möchtest, kannst du auch verschiedene Sorten nehmen und so ein schönes Muster erzeugen.
2. Streue jetzt noch die Toppings deiner Wahl darüber, zum Beispiel Schokostreusel, Früchte oder Kokosflocken.
3. Friere den Joghurt für mindestens 2 Stunden ein, zerschneide ihn dann in handliche Stücke und lass es dir schmecken.

Frozen Yoghurt Bites

Schmetterlinge im Bauch?

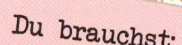

Schließ für einen kurzen Moment deine Augen und stell dir vor, wie du über eine Wiese voller Blumen läufst, während Schmetterlinge um dich herumflattern. Spürst du es auch, dieses leise Kribbeln im Bauch, das dir zeigt, wie wunderschön der Moment ist? Auch wenn es nur eine kleine Gedankenreise war, kannst du dir zumindest die Schmetterlinge und damit einen Teil dieses wunderschönen Gefühls in dein Zimmer holen.

Du brauchst:

- Papier
- Filzstifte
- Wasser und Wassersprüher
- Klarsichtfolie
- Schere
- Faden

Hier geht's zum Video

m-vg.de/link/girlpower_20

1. Bemale die Klarsichtfolie mit verschiedenen Filzstiften. Dabei musst du weder ordentlich noch schön malen.
2. Besprühe die Folie mit etwas Wasser, sodass die Filzstiftfarbe verläuft.
3. Drücke nun ein weißes Papier auf die Farbe und lass alles kurz antrocknen.
4. Ziehe das Papier vorsichtig von der Folie ab und lass es gut trocken.
5. Jetzt kannst du einen Kreis und ein Quadrat aus dem Papier ausschneiden.
6. Falte sowohl den Kreis als auch das Quadrat abwechselnd nach vorne und nach hinten, sodass eine Ziehharmonika entsteht. Beginne bei dem Quadrat an einer Spitze.
7. Nimm beide Teile zusammen in die Hand und umwickle sie in der Mitte mit einem Faden, den du zusammenknotest. An dem übrigen Faden kannst du den Schmetterling aufhängen.
8. Ziehe nun die Flügel auseinander und zupfe noch einmal alles zurecht. Und schon hast du einen superschönen Schmetterling, den du in deinem Zimmer aufhängen, auf eine Karte kleben oder einfach so verschenken kannst.

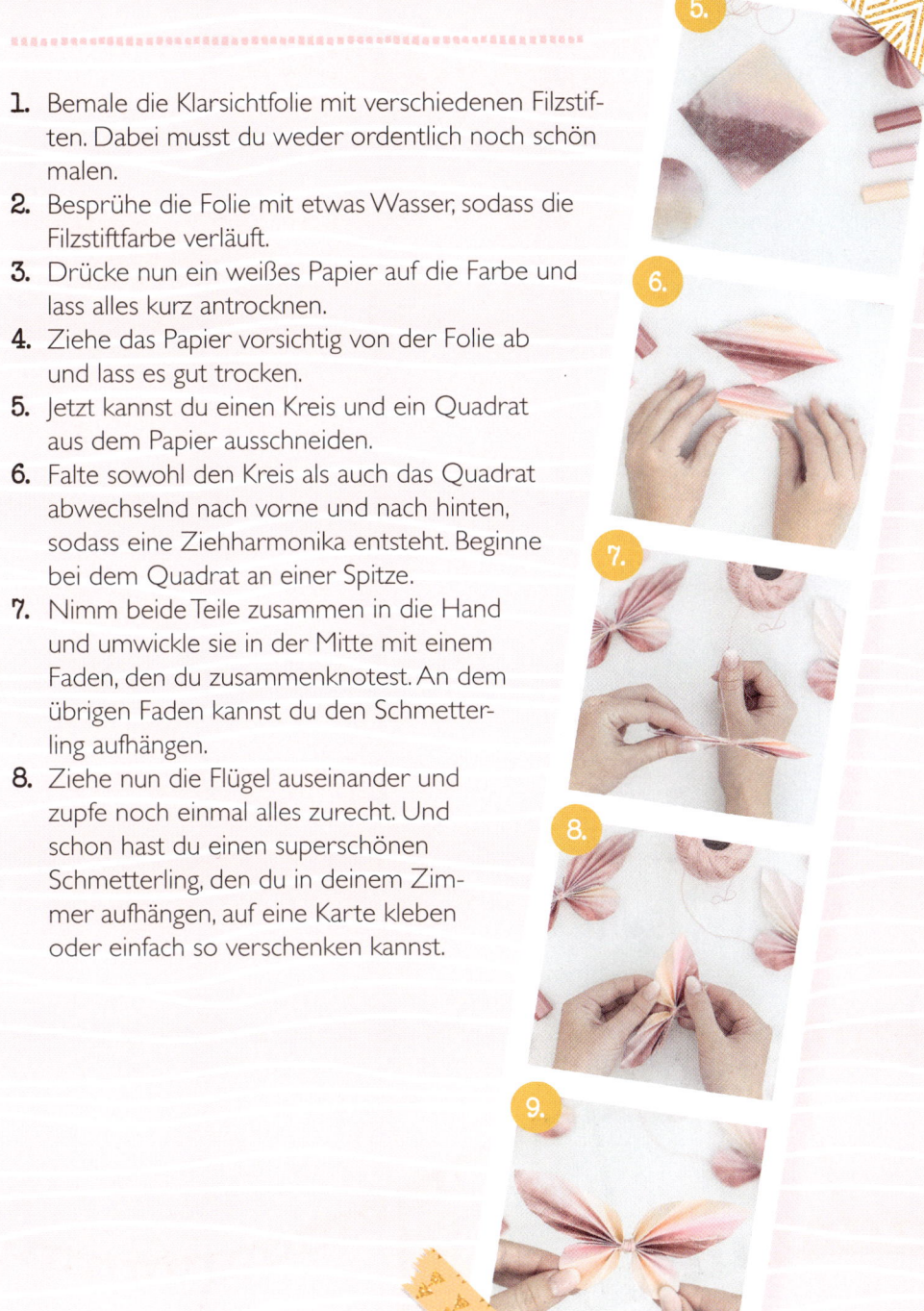

Let's go, Chaos-Queen!

Oje, dein Zimmer sieht mal wieder aus, als hätte eine Bombe eingeschlagen? Dann dreh die Musik auf und räum so richtig auf. Immer wenn du eine der Aufgaben geschafft hast, kannst du den Staubwedel davor ausmalen.

 Statt jedes Teil einzeln aufzuräumen, bist du viel schneller fertig, wenn du erst einmal alle Sachen, die an denselben Ort kommen, auf Haufen sammelst. Ist das Chaos erst einmal sortiert, kannst du Haufen für Haufen wegräumen.

 Oberflächlich aufräumen kann jeder, deswegen wird jetzt noch geputzt und gesaugt. Let's go, du schaffst das!

 Du bist fast fertig, aber zu guter Letzt steht noch dein Bett auf dem Plan. Also, gib noch mal alles und beziehe dein Bett neu.

Yeah,
du hast es geschafft!
Du kannst wirklich
stolz auf dich sein!

Movie Night!

Es ist mal wieder Zeit für eine echte Movie Night, in der du einen Lieblingsfilm nach dem anderen schaust. Was sind eigentlich deine absoluten Lieblingsfilme? Halte sie hier fest und ergänze die Liste immer wieder, wenn du einen neuen Lieblingsfilm findest.

Let's make memories!

Sonnenuntergänge sorgen nicht nur für eine richtig schöne Stimmung, sondern auch für tolles Licht, um coole Silhouettenfotos zu machen. Probiere es doch einfach mal mit deiner BFF aus. Nehmt eine Kamera oder eure Handys, sucht euch einen schönen Platz und schießt ein paar Fotos. Die werden bestimmt nicht nur klasse aussehen, sondern auch einen besonders schönen Abend mit deiner BFF festhalten.

Dein Lieblingsbild kannst du nicht nur hier einkleben, sondern auch auf Instagram mit deinen Freunden teilen. Vergiss dabei nicht #teamunique und #100girlpower und frag deine BFF beziehungsweise ihre Eltern vorab um Erlaubnis, falls sie auf dem Bild zu sehen ist.

#teamunique #100girlpower

Don't forget to love yourself!

Kein Mensch ist perfekt und man selbst sieht an sich oft die meisten Macken. Doch statt immer nur die Dinge an dir zu sehen, die du nicht so gerne magst, ist es an der Zeit, endlich all jenen Dingen Aufmerksamkeit zu schenken, die du an dir toll findest. Stell dich dafür vor einen Spiegel und überlege, was du an dir selbst am meisten magst, und schreibe jedes noch so kleine Detail auf, das dir einfällt.

Willkommen beim verrückten Eismacher!

Was gibt es Besseres, als ein richtig leckeres Eis an einem heißen Sommertag? Wie cool wäre es, einfach mal eine eigene Eissorte zu kreieren? Lass deiner Kreativität freien Lauf und überlege dir, welche Zutaten in deine eigene Eissorte kommen und wie sie schmecken soll. Wenn du damit fertig bist, kannst du dir noch einen coolen Eiscremenamen überlegen und dein Eis malen.

Who runs the world? Curls!

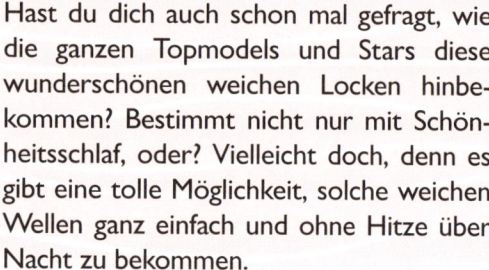

Hast du dich auch schon mal gefragt, wie die ganzen Topmodels und Stars diese wunderschönen weichen Locken hinbekommen? Bestimmt nicht nur mit Schönheitsschlaf, oder? Vielleicht doch, denn es gibt eine tolle Möglichkeit, solche weichen Wellen ganz einfach und ohne Hitze über Nacht zu bekommen.

Hier geht's zum Video

m-vg.de/link/girlpower_24

1. Föhne deine Haare nach dem Duschen nicht, sondern trockne sie nur mit dem Handtuch und schnapp dir zwei bis drei Paar lange Socken.
2. Lege eine Socke hinter eine Haarsträhne und halte sie mit einer Hand dort fest.
3. Wickle mit der anderen Hand die Haarsträhne von oben nach unten um die Socke.
4. Wenn die komplette Haarsträhne um die Socke gewickelt ist, kannst du die Socke direkt am Kopf verknoten.
5. Damit das Ganze auch über Nacht gut hält, kannst du die offene Seite der Socke über deinen Knoten stülpen.
6. Wiederhole diese Schritte mit weiteren Socken, bis alle deine Haare eingedreht sind, und lass deine Haare über Nacht trocknen.
7. Am nächsten Morgen kannst du alle Sockenknoten öffnen und deine Haare abrollen.
8. Zum Schluss kannst du alles vorsichtig durchkämmen und schon hast du richtig tolle weiche Wellen. Wow!

Finde deinen eigenen Weg!

Manchmal ist es gar nicht so einfach, den richtigen Weg zu finden, doch egal, was andere sagen, du wirst deinen Weg gehen. Zuerst einmal den durch dieses Labyrinth und dann nach und nach auch den deines Lebens. Glaub an dich und du wirst es schaffen!*

*Auflösung auf Seite 235

Musik an, Welt aus!

Dieses eine Lied, das du gerade in Dauerschleife hörst, geht dir einfach nicht mehr aus dem Kopf? Dann schreib es hier auf. Da aber nicht jedes Lied zu jeder Situation und jeder Stimmung passt, schreibst du am besten noch ein paar weitere Lieblingssongs auf deine Playlist.

Eine kleine Aufmerksamkeit!

Im Alltag vergisst man oft, der Familie oder Freunden einfach mal ohne Anlass zu sagen, wie wichtig sie einem sind. Wie wäre es mit einer kleinen Aufmerksamkeit zwischendurch?

1. Bemale die Klopapierrolle in einer Farbe deiner Wahl und lass sie trocknen.

Du brauchst:

- 1 Klopapierrolle
- Farbe deiner Wahl
- Tacker
- Überraschungsfüllung deiner Wahl
- eventuell Washi Tape oder Sticker

2. Drücke die Rolle nun an einer der offenen Seiten fest zusammen, sodass sie sich verschließt.
3. Damit die Rolle auch geschlossen bleibt, tackerst du sie zusammen.

4. Befülle die Rolle mit deiner kleinen Überraschung und schiebe diese möglichst nah zu der bereits verschlossenen Seite.
5. Drücke auch die andere Seite der Klopapierrolle zusammen. Achte aber darauf, dass du dieses Ende nicht parallel, sondern quer zur anderen Seite zusammendrückst, sodass ein Dreieck entsteht. Tacker nun auch diese Seite zusammen, um deine Geschenkbox zu verschließen.

6. Wenn du möchtest, kannst du deine kleine Box noch mit Washi Tape oder Stickern verzieren. So kannst du die Box dann verschenken. Der Beschenkte kann sie einfach aufreißen und sich über deine kleine Aufmerksamkeit freuen. So schön!

Hier geht's zum Video

m-vg.de/link/girlpower_21

Wenn das Leben dir Zitronen gibt ...

Puuuh, bei dieser Hitze braucht man dringend eine kleine Abkühlung.
Am besten wäre eine richtig kühle Limonade als Durstlöscher.
Doch statt eine fertige zu nehmen, kannst du in wenigen
Minuten selbst eine frische Erdbeerlimonade zubereiten.

Du brauchst:

- 100 g Erdbeeren
- 1 Zitrone
- 2 bis 3 EL Honig
- Eiswürfel
- 200 ml Wasser

1. Wasche die Erdbeeren gut ab und entferne den grünen Teil. Schneide die Erdbeeren anschließend klein.
2. Presse die Zitrone aus und gib den Saft mit den klein geschnittenen Erdbeeren und dem Honig in einen Mixer.
3. Wenn alles püriert ist, kannst du ein Glas mit Eiswürfeln füllen und das Erdbeerpüree darübergeben. Jetzt musst du das Glas nur noch mit Wasser mit oder ohne Kohlensäure auffüllen und schon hast du eine megaleckere und erfrischende Erdbeerlimonade.

Angeberwissen

Erdbeeren sorgen dank ihres hohen Vitamin-C-Gehalts für einen richtigen Vitaminkick. Wusstest du, dass sie sogar noch mehr Vitamin C als Zitronen enthalten?

 Erdbeerlimo

I love you very Mochi

Die süßen kleinen Mochi-Eiskugeln aus Japan sind mittlerweile zu einem richtigen Trend geworden. Das liegt wohl zum einen an ihrer lustigen Konsistenz und zum anderen daran, dass man sie supergut mit der Hand essen kann. Wusstest du, dass du Mochis auch ganz einfach selbst machen kannst?

Für 8 Mochis brauchs du:

- 8 kleine Kugeln Eis deiner Wahl
- 180 g Klebreismehl
- 80 g Puderzucker
- 140 ml Wasser
- Kartoffelmehl/ Speisestärke

Mochis

1. Vermische das Klebreismehl mit dem Zucker in einer Schüssel und gib dann unter ständigem Rühren nach und nach das Wasser hinzu. Wundere dich nicht, wenn dein Teig danach noch sehr flüssig ist, das ist normal.
2. Als Nächstes gibst du den Teig in eine Pfanne, wo du ihn bei mittlerer Hitze erwärmst. Dabei musst du ständig umrühren, damit der Teig keine Klümpchen bildet und nicht anbrennt. Wenn der Teig zu einer zähen Masse geworden ist, die am Pfannenwender hängen bleibt, kannst du die Arbeitsfläche mit etwas Speisestärke einstreichen und den Teig drauflegen.
3. Nun musst du ihn in acht gleich große Portionen teilen, die du dann zu flachen Scheiben drückst.
4. In die Mitte jeder Mochi-Scheibe setzt du jeweils eine kleine Eiskugel und formst die Mochis nun zu kleinen Päckchen.
5. Bevor du deine fertigen Mochis isst, solltest du sie noch einmal für 2 Stunden in den Gefrierschrank legen, damit das Eis wieder hart wird.

Stifte-Inventur!

Bestimmt haben sich bei dir über die Jahre eine Menge Stifte angesammelt. Funktionieren wirklich alle noch oder ist der eine oder andere schon lange ausgetrocknet? Um das zu testen, kannst du mit jedem deiner Stifte einen Strich auf diese Seite machen. Alle Stifte, die nicht mehr funktionieren, kannst du wegwerfen und alle anderen können danach wieder richtig schön einsortiert werden.

Let's go!

Beste Freunde für immer!

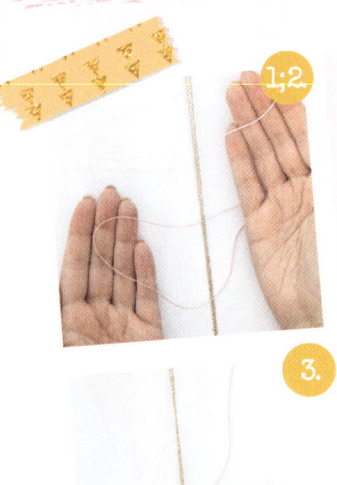

1;2. **3.** **4.** **5.**

Es gibt nur wenige Schmuckstücke, die so viel bedeuten wie ein Freundschaftsarmband, das zeigt, dass man immer füreinander da ist. Statt eines zu kaufen, kannst du mit deiner Freundin auch supereinfach selbst eins machen. Wenn ihr fertig seid, könnt ihr euch eure Armbänder gegenseitig schenken.

Du brauchst:

- 2 bis 3 verschiedene Fäden (zum Beispiel in Weiß, Rosa und Gold)
- Tesafilm
- eventuell ein Klemmbrett

Hier geht's zum Video

m-vg.de/link/girlpower_22

1. Halbiere ein Stück Faden, das circa viermal um dein Handgelenk gelegt werden kann. Binde es an einem Klemmbrett fest oder klebe es mit einem Stück Tesafilm an den Tisch. Um dir das Knüpfen zu erleichtern, kannst du auch das andere Ende am Tisch festkleben.

2. Nimm zwei weitere circa 40 cm lange Fäden zur Hand und halbiere diese ebenfalls. Lege die Schlaufe des weißen Fadens von links unter deinen soeben befestigten Mittelfaden und die Schlaufe des rosa Fadens von rechts darüber.

3. Führe die Enden der Fäden jeweils durch die Schlaufe des anderen Fadens und ziehe alles fest.

4. Leg jeweils eine der beiden Fadenhälften nach oben und eine nach unten und führe den unteren weißen Faden von links nach rechts über den Mittelfaden.

5. Führe den unteren rosa Faden von rechts nach links unter dem Mittelfaden durch und ziehe die Enden der Fäden durch die so entstandenen Schlaufen des jeweils anderen Fadens, damit ein Knoten entsteht.

6. Wenn du alles festgezogen hast, legst du den weißen Faden von rechts nach links über den Mittelfaden.

7. Danach ziehst du den rosa Faden unter dem goldenen Mittelfaden durch, um die Enden der Fäden jeweils wieder durch die so entstandene Schlaufe des anderen Fadens zu ziehen.

8. Wiederhole die Schritte 4 bis 7, bis das Armband fast um dein Handgelenk passt.

9. Verknote dann die Enden, damit sich das Freundschaftsarmband nicht auflöst.

10. Nun könnt ihr euch noch gegenseitig helfen, das Armband am Handgelenk festzuknoten und die überstehenden Fäden abzuschneiden. Und schon habt ihr ein supersüßes persönliches Freundschaftsarmband.

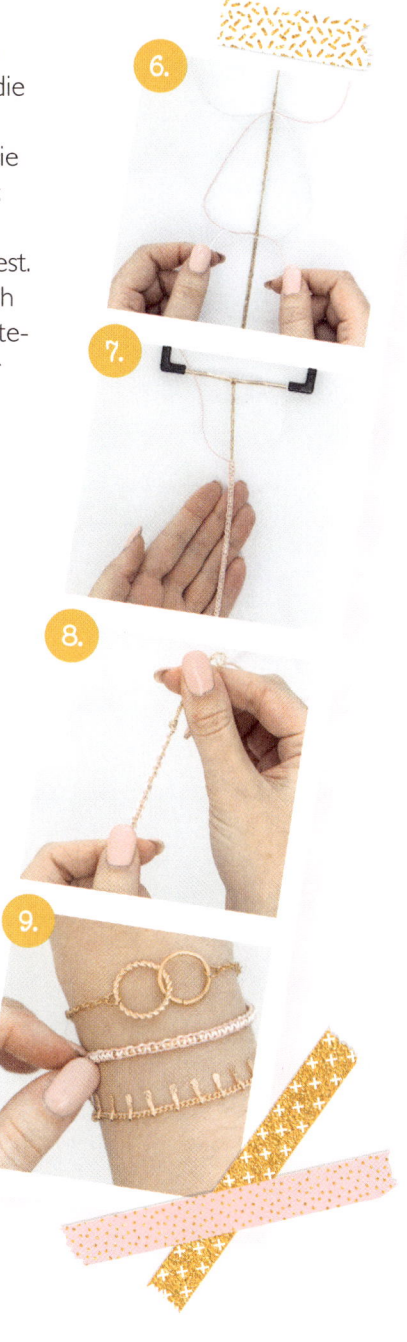

Herbst leuchten

Besondere Tage

Halloween

_____

_____

_____

_____

Herbst-Bucket-List

Auf dieser Liste kannst du zehn weitere Dinge aufschreiben, die du diesen Herbst unbedingt machen möchtest. Immer wenn du einen Punkt erledigt hast, kannst du ihn abhaken. Blättere am Ende des Herbstes zu dieser Seite zurück, um zu sehen, ob du alles erledigt hast oder ob du das eine oder andere noch nachholen möchtest.

- Sammle schöne Blätter und presse sie ☐
- Gönn dir einen Beautytag ☐
- Zünde Duftkerzen in deinem Zimmer an ☐
- Spring in einen Blätterhaufen ☐
- Schnitze einen Halloween-Kürbis ☐

- _____ ☐
- _____ ☐
- _____ ☐
- _____ ☐
- _____ ☐
- _____ ☐
- _____ ☐
- _____ ☐
- _____ ☐
- _____ ☐

Wenn die Blätter fallen, ...

... mach eine Girlande daraus! Wenn die Blätter in Orange, Rot und Gelb langsam von den Bäumen fallen und für dieses ganz besondere Herbstgefühl sorgen, wird es Zeit, die schönsten Blätter zu sammeln und etwas Tolles daraus zu basteln.

Du brauchst:

- Blätter
- dicke, schwere Bücher
- Zeitung oder Küchenrolle
- Farbe
- Kleber
- Glitzer
- 1 Schnur

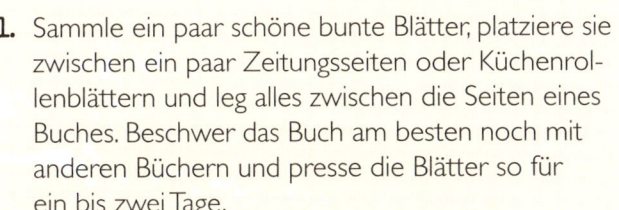

1. Sammle ein paar schöne bunte Blätter, platziere sie zwischen ein paar Zeitungsseiten oder Küchenrollenblättern und leg alles zwischen die Seiten eines Buches. Beschwer das Buch am besten noch mit anderen Büchern und presse die Blätter so für ein bis zwei Tage.
2. Danach kannst du einige Blätter mit Kleber bestreichen. Schütte etwas Glitzer auf die Blätter und lass alles antrocknen. Wenn der Kleber getrocknet ist, kannst du den überschüssigen Glitzer abschütteln und schon hast du ein richtig tolles Glitzerblatt.
3. Neben den Glitzerblättern kannst du einige Blätter bemalen. Nimm dafür am besten ein Schwämmchen, um die Farbe besser zu verteilen.
4. Wenn die Farbe und der Kleber trocken sind, kannst du die Blätter am Stil an eine Schnur binden.
5. Dabei kannst du deine Glitzerblätter mit bemalten und normalen Blättern abwechseln, um eine richtig schöne Herbstgirlande zu bekommen.
6. Wenn du fertig bist, kannst du die Girlande an einem passenden Platz aufhängen und schon hast du ein bisschen Herbstfeeling in deinem Zimmer.

Hier geht's zum Video

m-vg.de/link/girlpower_27

Wunschpunsch

So langsam wird es draußen kalt, nass und ungemütlich.
Was gibt es da Schöneres, als sich mit einem heißen, leckeren
Herbstpunsch mit Sahnehaube auf dem Sofa einzukuscheln?

Du brauchst:

- 3 Mandarinen
- 100 ml Apfelsaft
- 1 Apfel
- 2 TL Zimt
- 1 TL Honig
- 100 ml Schlagsahne
- 1 EL Vanillin-
  zucker

1. Presse zuerst die drei Mandarinen aus und gib den Saft in einen Topf.
2. Gib nun den Apfelsaft, den in kleine Würfel geschnittenen Apfel, 1 TL Zimt sowie Honig hinzu.
3. Während du deinen Punsch auf niedriger Stufe langsam erhitzt, kannst du schon einmal die Sahne mit 1 TL Zimt und Vanillinzucker steif schlagen.
4. Sobald der Punsch heiß ist, kannst du ihn in eine Tasse gießen und die Sahne darübergeben. Fertig ist ein superleckerer Herbstpunsch, mit dem du es dir jetzt auf dem Sofa gemütlich machen kannst.

Herbstpunsch

Itsy Bitsy Spider ...

Egal ob Spinnennetze oder Spinnen in allen Größen und Formen – es gibt wohl kaum ein anderes Tier, das so gut zur Spooky Season passt. Wie wäre es also mit einem weißen, fluffigen Halloween-Slime voller Plastikspinnen?

Du brauchst:

- 100 ml transparenten lösungsmittelfreien Kleber
- 1 TL Natron
- 20 ml Kontaktlinsen- lösung
- Rasier- oder Duschschaum
- Plastikspinnen

Spinnen-Slime

1. Vermische den Kleber mit dem Natron und gib so viel Rasier- beziehungs- weise Duschschaum dazu, wie du möchtest. Je mehr Schaum du untermischst, desto fluffiger wird der Slime am Ende.
2. Wenn du den Schaum gut mit der Kleber-Natron-Mischung verrührt hast, kannst du während des Rührens nach und nach ein bisschen Kontaktlinsenflüs- sigkeit dazugeben. Du solltest dann relativ schnell merken, wie der Slime fester wird.
3. Gib so lange immer wieder ein paar Tropfen Kontaktlinsenflüssigkeit hinzu, bis sich der Slime von der Schale löst und zu einem Klumpen wird.
4. Nun kannst du den Slime aus der Schale nehmen und ein paar Plastikspinnen einkneten. Sollte der Slime noch an deinen Händen kleben, kannst du deine Hände einfach mit Kontaktlinsenflüssigkeit einreiben. Ganz viel Spaß beim gruseligen Ziehen und Kneten!

Bubble Trouble

Vielleicht kennst auch du diese Boxer Braids, die richtig sportlich aussehen und einfach jedes Outfit cool wirken lassen. Das einzige Problem ist, dass es gar nicht so leicht ist, schöne Boxer Braids, die eng am Kopf geflochten sind, hinzubekommen. Statt dich ewig vorm Spiegel abzumühen, kannst du die Sache auch lockerer angehen und dich an lässigen Bubble Braids versuchen.

1. Mach dir einen Mittelscheitel und teile am Gesicht eine Strähne ab, die du mit einem kleinen Haargummi zusammenbindest.
2. Nimm nun weitere Haare hinzu und binde alles circa zwei bis drei Fingerbreit vom ersten Haargummi entfernt mit einem weiteren Haargummi zusammen. Wiederhole diesen Schritt, bis du an den Haarspitzen angekommen bist.
3. Ziehe nun die Haare zwischen den Haargummis etwas auseinander, um einen coolen Bubble-Look zu kreieren.
4. Jetzt fehlt nur noch die andere Seite und schon hast du richtig coole Bubble-Zöpfe, die du nicht nur im Alltag, sondern auch zum Sport tragen kannst.

Hier geht's zum Video

m-vg.de/link/girlpower_35

Fusselmonster

Oh nein, einer deiner Pullis ist voller kleiner Fusseln! Damit siehst du ja wirklich aus wie ein kleines Fusselmonster. Doch statt den Pulli nur noch zu Hause anzuziehen oder ihn gar wegzuwerfen, kannst du die Fusseln mit einem kleinen Trick beseitigen.

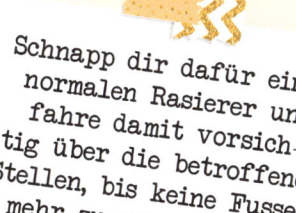

Schnapp dir dafür einen normalen Rasierer und fahre damit vorsichtig über die betroffenen Stellen, bis keine Fusseln mehr zu sehen sind. Du wirst sehen, dank diesem Trick sehen deine Pullis im Handumdrehen wieder wie neu aus.

This or That?

Kreuze jeweils das an, was du im Herbst lieber machst. Falls dir noch ein paar Punkte für deine Herbst-Bucket-List auf Seite 117 fehlen, kannst du anschließend dort noch den einen oder anderen Punkt aus der This-or-That-Liste ergänzen.

☐	Filme schauen	**oder**	ein Buch lesen ☐
☐	einen Regenmantel anziehen	**oder**	einen Regenschirm mitnehmen ☐
☐	Blätter pressen	**oder**	Kastanien sammeln ☐
☐	ein gruseliges Gesicht in einen Kürbis schnitzen	**oder**	einen Kürbis schön verzieren ☐
☐	die letzten Sonnenstrahlen genießen	**oder**	im Regen tanzen ☐

Dancing Queen!

Egal, ob du gerade richtig happy oder ziemlich schlecht gelaunt bist, dreh die Musik auf und tanz durchs Zimmer, wie es dir gefällt. Schüttel einfach alles ab, das dich gerade nervt oder stresst, und lass dich von der Musik treiben. Fühlt sich ziemlich gut an, oder?

Zu welchen Liedern hast du gerade so richtig abgedanced?

Let's crop it!

Oversize-Pullis sind einfach toll, um sich zu Hause richtig darin einzukuscheln. Wenn man solche oft etwas unförmigen Oversize-Pullis aber auch mal in die Schule anziehen will, ist es gar nicht so leicht, den Pulli zu stylen. In die Jeans reingesteckt sehen sie nämlich oft nicht besonders toll aus, da die Jeans ziemliche Beulen bekommt. Mit diesen beiden Tricks kannst du deinen Oversize-Pulli auch noch anders croppen.

1.
2.
3.

Variante 1:

1. Nimm einen Gürtel oder einen Faden und binde ihn fest um deine Taille.
2. Ziehe deinen Pulli rundherum nach oben aus dem Gürtel raus und lass ihn immer wieder fallen, bis die Unterkante des Pullis durch die so entstandene neue Unterkante bedeckt ist.
3. Jetzt kannst du noch einmal alles zurechtzupfen und fertig ist ein lässiger Crop-Pulli.

Variante 2:

4. Schnapp dir zwei Haargummis und binde damit an beiden Seiten einen Teil des Pullis ab, sodass er dort an deinem Körper anliegt.
5. Verstecke die abgebundenen Teile des Pullis nun einfach unter deinem Pulli, indem du sie nach innen klappst.
6. Zupfe noch einmal alles etwas zurecht und schon hast du auch mit dieser Variante einen coolen gecroppten Pullover.

Malen nach Zahlen!

Sicher fragst du dich, warum hier lauter Zahlen wild über die Seite verteilt sind. Wenn du sie verbindest, wirst du sehen, was sich hinter diesem Zahlenchaos verbirgt. Die Lösung findest du auf Seite 237.

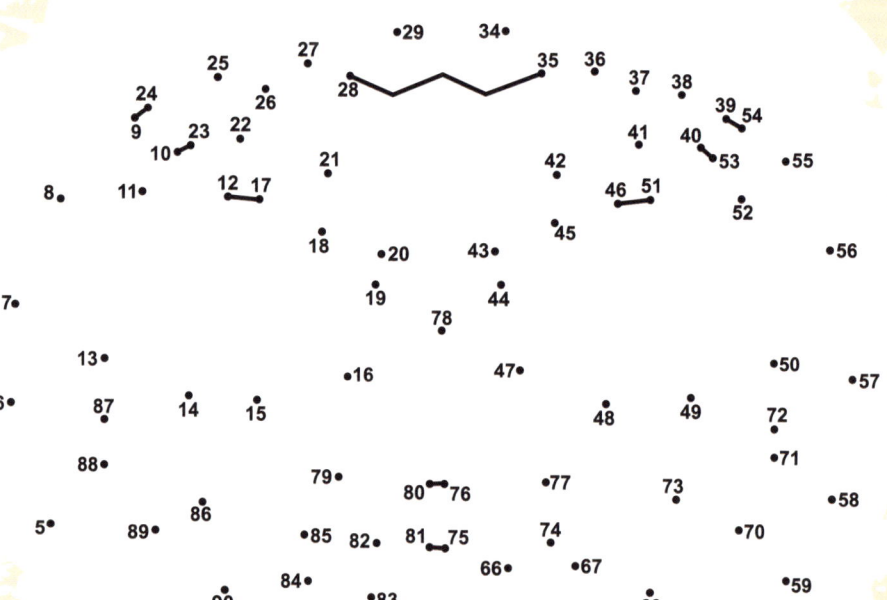

Bitte einmal Hände waschen

Hände waschen gehört zum Alltag dazu. Damit es aber auch richtig viel Spaß macht, kannst du dir eine verrückte Knetseife selber machen.

Du brauchst:

- 4 EL Speisestärke
- 2 EL Duschgel
- 2 EL Speiseöl
- Aroma
- eventuell Seifen-/ Lebensmittelfarbe
- kleine Klarsichttüte
- Etikettvorlage

Knetseife

1. Mische alle Zutaten zu einem festen Teig und knete ihn zu einer schönen Form.
2. Leg die Knetseife neben dein Waschbecken. Beim nächsten Händewaschen knetest du die Seife einfach ein bisschen unter dem Wasserstrahl, bevor du die Seifenreste abspülst.
3. Wenn du möchtest, kannst du den Teig auch ein paar Zentimeter dick ausrollen und schöne Formen ausstechen. So kannst du die Knetseife dann in einem kleinen Tütchen an deine Freunde oder Familienmitglieder verschenken. Damit dein Geschenk noch schöner aussieht, kannst du noch ein Etikett auf die Tüte kleben.

Hier geht's zur Vorlage

m-vg.de/link/girlpower_09

Süßes oder Saures?

Schwarze Katzen, Geister, Spinnen und natürlich Fledermäuse dürfen an Halloween für den Gruselfaktor auf keinen Fall fehlen. Aber neben dem gruseligen Teil gehören natürlich auch jede Menge Süßigkeiten dazu. Wie wäre es also, einfach beides zu kombinieren und die Süßigkeiten für deine Freunde oder deine Familie so richtig cool zu verpacken?

Du brauchst:

- 1 Klopapierrolle
- Bastelvorlage
- schwarzes Tonpapier
- graue Farbe
- Pinsel
- schwarzen Stift
- Kleber
- Schere
- Süßigkeiten zum Befüllen

Hier geht's zu Vorlage und Video

m-vg.de/link/girlpower_28

128

1. Bemale eine Klopapierrolle mit grauer Farbe und lass sie trocknen.
2. Druck und schneid die Fledermausflügel-Vorlage aus und übertrage sie auf schwarzes Tonpapier. Male außerdem den Kreis der Klopapierrolle auf das schwarze Tonpapier und schneide beides aus.
3. Klebe nun den schwarzen Kreis an eine der beiden offenen Seiten der Klopapierrolle, um diese zu verschließen.
4. Befestige die Flügel so an der Klopapierrolle, dass die Flügelenden zur mit dem schwarzen Kreis geschlossenen Seite zeigen, und befülle die Rolle mit Süßigkeiten.
5. Drücke jetzt zuerst den Teil der Klopapierrollenöffnung vor den Flügeln nach unten und drücke dann auch die gegenüberliegende Seite der Öffnung so nach unten, dass sich die beiden Seiten überlappen und die Klopapierrolle verschlossen wird.
6. Male deiner Fledermaus noch ein süßes oder gruseliges Gesicht und zaubere ihr mit Rouge oder Lidschatten rote Bäckchen.
7. Sobald die Farbe trocken ist, kannst du deine Freunde oder deine Familie mit dieser tollen Halloween-Candybox überraschen.

Tu etwas Gutes!

Das sagt sich leicht, aber oft weiß man gar nicht, wo man anfangen soll. Deswegen kommen hier drei Ideen, wie du noch heute ganz leicht etwas Gutes tun kannst. Außerdem ist auch noch etwas Platz für deine eigenen Ideen.

1. Teile mit anderen.
Gib jemandem etwas von deinem Pausenbrot ab, der seines vergessen hat, oder leihe einer Freundin ein Kleidungsstück von dir, das sie einfach supertoll findet.

2. Spende etwas.
Bring zum Beispiel ein paar Klamotten zur Altkleidersammlung oder gib einem Straßenmusiker etwas von deinem Taschengeld.

3. Räum mal auf.
Schmeiß nicht nur deinen eigenen Müll in die Tonne, sondern heb auch den Müll auf, den andere irgendwo liegen gelassen haben.

Pyjamaparty!

Es ist mal wieder Zeit für eine richtige Mädels-Übernachtungsparty mit guten Filmen, ganz viel Quatschen und ein bisschen Beauty. Aber was braucht man eigentlich alles für so eine richtig coole Übernachtungsparty?

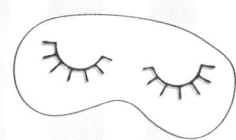

1. Frag am besten zuerst einmal deine Eltern, ob du eine Übernachtungsparty veranstalten darfst. Sobald deine Eltern ihr Okay gegeben haben, kannst du dir die Einladungskarten-Vorlage ausdrucken und sie deinen Freundinnen geben. Sobald auch sie die Erlaubnis haben, kann es losgehen.

2. Dreht die Musik auf, schlüpft in eure Pyjamas und baut euch ein gemütliches Matratzenlager. Allein das wird schon ein Riesenspaß und die eine oder andere Kissenschlacht ist wohl vorprogrammiert.

Ein Maskenrezept findest du auf Seite 227.

3. Sobald alles aufgebaut ist, könnt ihr euch überlegen, auf welche Mädels-Aktivitäten ihr Lust habt. Wie wäre es zum Beispiel mit Gesichtsmasken selbst machen oder Nägel lackieren?

Ein cooles Nageldesign findest du auf Seite 194.

4. Nach dem ganzen Gekicher und dem anstrengenden Beautyprogramm darf natürlich auch etwas zu essen nicht fehlen. Also bestellt euch Pizza, macht Popcorn oder esst eine ganze Packung Eis. Heute ist alles erlaubt!

5. Mindestens ein richtig guter Film darf auf keiner Übernachtungsparty fehlen – also macht es euch nach dem Essen mit ein paar Snacks vor dem Fernseher gemütlich.

6. Und wenn dann alle langsam erschöpft und voll vom ganzen Essen sind, wird es Zeit, sich ins Matratzenlager zu kuscheln, das Licht auszumachen und sich im Dunkeln noch ein paar Geschichten zu erzählen, bevor sich dann eine nach der anderen ins Land der Träume verabschiedet.

Hier geht's zur Vorlage

m-vg.de/link/girlpower_38

Zum Anbeißen — Spooky Halloween Bites!

Fledermäuse dürfen während der Spooky Season natürlich nicht fehlen. Doch diese müssen nicht immer gruselig sein! Ganz im Gegenteil, diese Oreo-Fledermäuse sind im wahrsten Sinne des Wortes zuckersüß und einfach zum Anbeißen.

Für 4 Oreo-Fledermäuse brauchst du:

- 8 Oreos
- 30 g flüssige Schokolade
- 8 Zuckeraugen
- 4 Stiele

1. Drehe die Oreos vorsichtig auseinander, sodass du eine Hälfte mit und eine ohne Creme hast. Zerschneide die Hälften ohne Creme vorsichtig in zwei gleich große Teile.
2. Gib nun etwas flüssige Schokolade auf die Oreo-Hälften mit Creme.
3. Leg einen Stiel so darauf, dass er mittig auf dem Oreo endet. Bringe nun die beiden Oreo-Hälften als Flügel auf der mit Schokolade bestrichene Oreo-Hälfte an. Dabei sollten die beiden Hälften mit der Schnittkante zu dem herausstehenden Stiel zeigen.
4. Gib jetzt noch etwas Schokolade über die Flügel und den Stil, bevor du eine weitere Oreo-Hälfte mit der Creme nach unten darauflegst.
5. Zum Schluss kannst du mit etwas Schokolade noch zwei Zuckeraugen befestigen und schon hast du eine supersüße Oreo-Fledermaus.

Meine Washi Tapes

Irgendwie kann man nie genug Washi Tapes haben! Aber hast du noch den vollen Überblick, welche Tapes du gerade hast? Klebe von jedem deiner Washi Tapes ein kleines Stückchen auf diese Seite, um all deine Tapes auf einen Blick zu sehen. Immer wenn du neue Washi Tapes kaufst, kannst du ein Stückchen auf diese Seite kleben.

A cup full of creativi-tea

Wer hat eigentlich gesagt, dass Nagellack nur für die Nägel ist? Eigentlich kann man damit alles Mögliche, wie zum Beispiel eine langweilige Tasse, verzieren und aufwerten. Du hast keine Ahnung, wie das gehen soll? Dann schau dir unbedingt mal dieses DIY an.

Marmortasse

Du brauchst:

- 1 Tasse
- Washi Tape
- verschiedene Nagellacke
- große Schale mit Wasser
- Versiegelungslack

1. Klebe einmal rund um die Tasse Washi Tape und drücke alles gut fest. Wichtig ist dabei, dass vor allem die untere Kante gut klebt.
2. Klebe auf gleicher Höhe auch den Henkel der Tasse mit Washi Tape ab.
3. Fülle eine große Schale mit Wasser und träufle nach und nach zwei bis vier verschiedene Nagellackfarben ins Wasser. Du kannst damit bereits ein paar Muster malen, indem du den Nagellack hin und her schwenkst.
4. Tauche dann die Tasse langsam an der Stelle mit dem meisten Nagellack ein, bis das Wasser über dem Washi Tape steht. Schwenke die Tasse etwas hin und her, bevor du sie wieder langsam aus dem Wasser ziehst. Trockne die Tasse auf keinen Fall ab.
5. Lass dein Nagellackmuster kurz antrocknen, bevor du das Washi Tape abziehst und kleinere Fehler mit einem Wattestäbchen und Nagellackentferner korrigierst.
6. Wenn der Nagellack komplett durchgetrocknet ist, kannst du die Tasse noch mit einem Versiegellungslack einsprühen oder einstreichen. Stell die Tasse dafür am besten in einen Karton, den du mit nach draußen nimmst.
7. Sobald auch der Versiegelungslack getrocknet ist, ist deine wunderschöne Mamortasse auch schon fertig. Allerdings solltest du dein Kunstwerk nicht in die Spülmaschine stellen, sondern besser immer mit der Hand abwaschen, damit die Farbe länger hält.

Hier geht's zum Video

m-vg.de/link/girlpower_29

It's time to say goodbye!

Auf deinem Handy haben sich über die Zeit echt ganz schön viele Apps, Bilder und Videos angesammelt, weswegen auch der Speicher irgendwann knapp wird. Was hältst du davon, dein Handy mal wieder so richtig auszumisten?

1. Gehe alle Apps durch und lösche diejenigen, die du nicht mehr brauchst. Alle anderen kannst du in passende Ordner einsortieren.
2. Als Nächstes kommen deine Bilder und Videos an die Reihe. Gehe auch hier alles durch, um einige zu löschen und die übrigen in passende Ordner zu sortieren.
3. Yeay! Du hast es geschafft und jetzt kommt der spaßige Teil. Wenn du möchtest, kannst du noch einen neuen Hintergrund einstellen, die Icons der Apps und Ordner personalisieren und praktische Widgets einfügen. Wie das bei deinem Handy geht, schaust du dir am besten auf YouTube an.
4. Nachdem dein Handy innen jetzt so schön aufgeräumt und durchgestylt ist, fehlt für außen noch eine neue Schutzfolie und eine neue Handyhülle.

Psst!

Auf Seite 170 findest du eine coole Anleitung, wie du deine alte Handyhülle aufpimpen kannst

Wow, das sieht echt toll aus!

Best Friends Forever!

Deine BFF und du seid unzertrennlich, aber wie gut kennt ihr euch wirklich? Macht den Test und findet es heraus.

Das weiß deine BFF über dich:

Frage	Antwort	Stimmt!	Stimmt nicht!
Was ist die Lieblingsfarbe deiner BFF?			
Was macht deine BFF in ihrer Freizeit am liebsten?			
Welches Emoji nutzt deine BFF am häufigsten?			
Welche Süßigkeiten isst deine BFF am liebsten?			
Was mag deine BFF gar nicht?			
Warum ist deine BFF die Beste, die man sich wünschen kann?			

Das weißt du über deine BFF:

Frage	Antwort	Stimmt!	Stimmt nicht!
Was ist die Lieblingsfarbe deiner BFF?			
Was macht deine BFF in ihrer Freizeit am liebsten?			
Welches Emoji nutzt deine BFF am häufigsten?			
Welche Süßigkeiten isst deine BFF am liebsten?			
Was mag deine BFF gar nicht?			
Warum ist deine BFF die Beste, die man sich wünschen kann?			

Wie war das eigentlich noch mal ...

Kannst du dich noch erinnern, was du heute vor einem Jahr gemacht hast? Wenn nicht, schau doch mal nach, ob du an diesem Tag Bilder gemacht oder etwas auf TikTok oder Instagram gepostet hast. Ansonsten frage doch mal deine Familie oder deine Freunde, denn gemeinsam in Erinnerungen schwelgen ist doppelt schön. Sobald du herausgefunden hast, was du heute vor einem Jahr gemacht hast, kannst du es hier aufschreiben.

1 Nagellack, 2 Nagellacke ...

Irgendwie vermehren sich Nagellacke auf genauso mysteriöse Weise, wie Socken und Haargummis verschwinden. Deswegen solltest du unbedingt mal wieder all deine Lacke durchsehen und testen, welche davon vielleicht schon ausgetrocknet sind. Wenn du möchtest, kannst du auf jeden Deckel ein Stückchen Tesafilm kleben, um dann ein bisschen Nagellack daraufzu-tropfen. Wenn alle Deckel getrocknet sind, kannst du nicht nur sehen, welche Farbe der Nagellack hat, sondern du kannst all deine Lacke auch supergut nach ihrer Farbe sortieren.

Lass deinen Frust raus!

Heute war ein richtig doofer Tag und du bist einfach nur genervt, wütend oder traurig? Dann schreib alles auf, was dich nervt, wütend oder traurig macht. Kritzel auf die Seite und lass all deinen Frust raus. Wenn du fertig bist, kannst du die Seite rausschneiden, um sie dann zu zerknüllen oder zu zerreißen und schließlich mit all deinen Sorgen wegzuschmeißen.

_____

_____

_____

_____

_____

_____

_____

_____

_____

_____

_____

_____

_____

_____

VaBoonilla-Geister-Milchshake

Bald ist Geisterstunde! Und was würde da besser passen als ein leckerer Boo-nilla-Geister-Milchshake? Aber Vorsicht, denn dieser kleine Geist kommt aus dem Nichts und nimmt dich mit seiner leckeren Süße gefangen.

Für den Milchshake brauchst du:

- 100 ml Milch
- 2 Kugeln Vanilleeis
- 200 ml Sahne
- 1 Päckchen Sahnesteif
- 2 El Zucker
- 2 EL Nuss-Nougat-Creme
- Schokostreusel

Für das Geistergesicht brauchst du:

- schwarzes Papier
- Schere
- Kleber

1. Vermische die Milch und das Eis im Mixer.
2. Schlage die Sahne mit Zucker und Sahnesteif, bis sie richtig fest geworden ist.
3. Streiche den Glasrand mit Nuss-Nougat-Creme ein und drücke ihn dann in eine Schale mit Schokostreuseln.
4. Schneide ein Geistergesicht aus schwarzem Papier aus und klebe es von außen auf das Glas.
5. Jetzt kannst du deinen Geister-Milchshake einfüllen.
6. Um die Sahne wie eine Geisterspitze auf den Milchshake zu spritzen, füllst du sie am besten in eine kleine Plastiktüte, von der du eine Ecke abschneidest.
7. Jetzt fehlt nur noch ein Strohhalm und fertig ist dein Boo-nilla-Geister-Milchshake. Lass es dir schmecken.

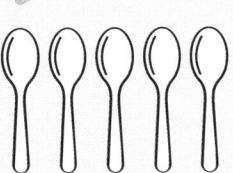

Geister-Milchshake

Kuschelzeit!

Was gibt es Schöneres, als einen verreg-
neten und stürmischen Herbsttag eingeku-
schelt in eine Decke gemütlich auf dem Sofa
oder im Bett zu verbringen. Aber irgendwie
fehlt da noch was, oder? Ja genau, ein cooles
Kissen wäre jetzt perfekt. Statt ewig nach
einem schicken Kissen zu suchen, kannst du
dir selbst ein tolles Knotenkissen basteln.

Strumpfhosenkissen

Du brauchst:

- 2 Paar alte Strumpf-
  hosen
- Füllwatte
- Heißkleber/Textil-
  kleber/Nadel und
  Faden

Hier geht's
zum Video

m-vg.de/link/girlpower_30

1. Schneide den oberen Teil der beiden Strumpfhosen und die Zehenspitzen einer der beiden Strumpfhose ab, damit du zwei geschlossene und zwei offene Beine hast.

2. Befülle nun alle vier Beine mit Füllwatte. Statt Watte zu kaufen, kannst du übrigens auch die Füllung aus einem alten Kissen nehmen.

3. Wenn alle Beine voll sind, kannst du sie hintereinander mit Textil- beziehungsweise Heißkleber zusammenkleben oder mit Nadel und Faden zusammennähen. Lass dir hierbei eventuell von deinen Eltern helfen. Wichtig dabei ist, dass die beiden geschlossenen Strumpfhosenbeine die Enden deiner langen Schlange bilden.

4. Lege danach zweieinhalb kleine Kreise mit deiner Strumpfhosenschlange. Beginne damit circa eine Unterarmlänge vom Ende entfernt.

5. Wickle nun das oben liegende, lange Ende quer dazu ebenfalls zweieinhalbmal um die soeben gewickelten Kreise, sodass die ersten Kreise zweigeteilt werden. Halte dabei unbedingt die Übergangsstelle fest, an der du zu den Querkreisen wechselst, damit sich nicht alles auflöst.

6. Ziehe die Schlange dann einmal über die eben entstandenen Querkreise und stecke das Ende von oben durch die eine Hälfte der zuerst gelegten Kreise.

7. Nimm nun das zweite Schlangenende von unten, führe es nach oben und stecke es in der gegenüberliegenden Hälfte der zuerst gelegten Kreise fest.

8. Jetzt kannst du noch die Nähte beziehungsweise die Klebekanten ein bisschen verstecken und schon hast du ein richtig schönes Designerkissen, das dein Bett beziehungsweise Sofa noch ein bisschen gemütlicher macht.

Movie Star!

Einmal in einem richtig großen Film mitspielen? Das wäre doch der Wahnsinn! Welche Rolle hättest du wohl in diesem Film? Finde es mit diesem Test heraus. Zähle am Ende deine Punkte zusammen und blättere für die Auflösung zu Seite 236.

1. **Was darf bei einem guten Film auf keinen Fall fehlen?**

1   Action natürlich, je mehr, desto besser!
2   Gute Musik mit Tanz oder Gesang!
3   Ein paar Superkräfte oder ein bisschen Magie!
4   Eine Prinzessin sollte immer dabei sein!

2. **Wie würdest du deinen Kleidungsstil beschreiben?**

4   Mädchenhaft, süß und glitzernd
2   Schillernd, ausgefallen und ein bisschen verrückt
1   Praktisch, dunkel und bequem
3   Ich habe keinen festen Stil.

3. **Was ist deine größte Stärke?**

2   Ich kann andere richtig gut mitreißen.
3   Ich bin immer hilfsbereit.
1   Ich meistere auch schwierige Situationen.
4   Ich bin zu allen nett und höflich.

4. **Hast du einen Terminkalender, den du auch wirklich nutzt?**

4   Natürlich, ich trage immer alles ein, um nichts zu vergessen.
2   Ja, aber ich trage nicht alles ein.
1   Na ja, muss ja nicht jeder wissen, was ich so mache.
3   Nein, ich nehme das Leben so, wie es kommt.

5. **Was machst du in deiner Freizeit am liebsten?**

2   Ich liebe es, zu singen und zu tanzen.
1   Am liebsten mache ich richtig viel Sport.
4   Ich probiere gerne neue Frisuren oder Schminktipps aus.
3   Am liebsten lese ich ein Buch oder ich schaue eine Serie.

Punkte: [   ]

Dein eigenes Puzzle!

Puzzeln macht echt viel Spaß, aber das beste Gefühl ist es doch, das letzte Teil zu legen und zu sehen, dass das Puzzle endlich fertig ist. Wie cool wäre es, mal ein Puzzle selbst zu designen? Probiere es mit dieser Vorlage aus.

Schneide dazu erst einmal das Puzzle entlang der Außenlinien aus und klebe es dann auf einen dünnen Karton. So wird das Puzzle später stabiler. Jetzt kannst du den Karton so bemalen, wie es dir gefällt, oder ihn mit einem Foto bekleben. Zum Schluss musst du nur noch die einzelnen Puzzleteile ausschneiden und schon kann das Puzzeln beginnen. So ein Puzzle ist übrigens auch ein richtig schönes persönliches Geschenk.

Halte dein Glück fest!

Es gibt Tage, da ist man einfach glücklich, und es gibt Tage, da scheint alles doof zu sein. Wenn du hier aufschreibst, was dich glücklich macht, kannst du an den doofen Tagen zu dieser Seite zurückkommen und dich daran erinnern, wie schön dein Leben ist.

It's spooky season!

Halloween steht vor der Tür, und das heißt, du solltest dir langsam schon ein-mal Gedanken über dein Halloween-Kostüm machen. Es soll schließlich etwas Gruseliges werden, das niemand anderes trägt, oder? Sobald du eine coole Idee hast, kannst du hier dein perfektes Halloween-Kostüm malen.

Happy Birthday!

Da das ganze Jahr immer wieder Freunde oder Familienmitglieder Geburtstag haben, passt dieses DIY natürlich in jede Jahreszeit. Statt eine Geburtstagskarte zu kaufen, kannst du deinen Liebsten mit dieser coolen Überraschungskarte eine riesige Freude machen.

Du brauchst:

- Bastelvorlage
- buntes Papier
- Schere
- Stifte
- Kleber
- eventuell Glitzer-
  papier

Hier geht's zu
Vorlage und Video

m-vg.de/link/girlpower_31

148

1. Drucke dir die Vorlage auf farbiges Papier und schneide sie dann aus. Vergiss dabei nicht den Schlitz in einem der Vierecke. Falte danach die beiden Vierecke links und rechts erst nach innen und dann an der gestrichelten Linie wieder nach außen.

2. Male nun ein Herz über beide Hälften. Achte darauf, dass das Herz die Ränder links und rechts berührt.

3. Falte nun die beiden Hälften wieder aus der Mitte, lass die Vierecke selbst jedoch noch geknickt, um die beiden Herzhälften auszuschneiden, sodass du links und rechts zwei komplette Herzen bekommst. Schneide dabei nicht das komplette Herz aus, sondern lass etwas Platz an der Außenseite des Herzens. An dieser Stelle bleibt das Herz mit der Karte verbunden.

4. Jetzt kannst du die Karte verzieren, wie es dir gefällt, und die Herzen mit Glitzerpapier bekleben.

5. Wenn du zufrieden bist, kannst du zuerst den unteren Teil nach oben klappen.

6. Falte beide Herzen erst in die Mitte und danach jeweils an der Faltkante nach oben.

7. Zieh jetzt das obere Viereck mit dem Schlitz über die beiden Herzhälften nach unten. Klappe abschließend die beiden Herzhälften nach außen, um die Karte zu verschließen und zu verschenken.

Hey, ZuckerZimtschnecke!

Oh, wie das duftet! Riechst du auch das warme Gebäck, den Zimt und den Zucker? Das kann nur eines bedeuten: Es gibt warme Zimtschnecken!

Für den Teig brauchst du:

- 250 g Mehl
- ½ Päckchen Trockenhefe
- 40 g Zucker
- 1 Prise Salz
- 125 ml lauwarme Milch
- 40 g warme Butter

Psst!

Da ein Hefeteig ziemlich aufwändig ist und nicht immer gelingt, kannst du auch einen fertigen Hefeteig verwenden.

Für die Füllung brauchst du:

- 40 g warme Butter
- 40 g brauner Zucker
- 1 Päckchen Vanillinzucker
- 1 EL Zimt

Für das Topping brauchst du:

- 150 g Puderzucker
- 40 ml Milch
- 1 Päckchen Vanillinzucker

1. Für den Teig mischst du zunächst das Mehl mit der Hefe, dem Zucker und einer Prise Salz.
2. Wenn alles gut verrührt ist, gibst du die lauwarme Milch sowie die auf Zimmertemperatur erwärmte Butter hinzu, bevor du den Teig gut durchknetest.
3. Jetzt muss der Teig für 45 Minuten gehen. Deck die Schüssel dafür am besten mit einem feuchten Tuch ab.
4. Erwärme die Butter für die Füllung und verrühre sie mit dem Zucker, Vanillinzucker und Zimt.
5. Rolle den Hefeteig viereckig aus und bestreiche ihn mit der Füllung. Wenn der Teig gleichmäßig bestrichen ist, rollst du den Teig zusammen.
6. Schneide circa 2 cm dicke Scheiben ab und lege sie mit etwas Abstand auf ein mit Backpapier ausgelegtes Backblech.

7. Jetzt werden die Schnecken für 20 Minuten im auf 180 °C Umluft vorgeheizten Backofen gebacken. Danach kannst du sie zum Abkühlen aus dem Ofen holen und den Puderzucker mit Milch und Vanillinzucker zu einem Zuckerguss anrühren.

8. Abschließend musst du nur noch den fertigen Zuckerguss auf die lauwarmen Zimtschnecken streichen und direkt zugreifen, denn lauwarm schmecken sie am besten.

Zimtschnecken

Back in shape

Oh nein, dein Haargummi ist schon wieder so ausgeleiert, dass dein Zopf einfach nicht richtig halten will? Dann leg deinen Haargummi einfach in eine Schale und übergieße ihn mit heißem Wasser. Jetzt kannst du zusehen, wie sich dein Haargummi langsam zusammenzieht und wieder seine alte Form bekommt.

We are all mad here!

Halloween steht vor der Tür und du hast noch keine Ahnung, wie du dich verkleiden sollst? Kein Problem! Wie wäre es zum Beispiel mit der Grinsekatze aus *Alice im Wunderland*? Dieser Halloween-Look ist nicht nur megacool, sondern auch einfach zu schminken. Außerdem brauchst du nicht einmal ein besonderes Kostüm oder ausgefallenes Halloween-Make-up zu kaufen.

Du brauchst:

- rosa Lidschatten oder rosa Faschingsschminke
- schwarzen Eyeliner
- schwarze Faschingsschminke
- weißen Eyeliner oder weiße Faschingsschminke
- eventuell Wimperntusche
- 4 kleine Haargummis
- pinkes, weißes oder schwarzes Outfit

Hier geht's zum Video

m-vg.de/link/girlpower_34

Dein Grinsekatze-Make-up:

1. Verwende zunächst deine normale Gesichts-creme, deine BB-Cream oder dein Make-up.
2. Trage nun pinken Lidschatten oder pinke Faschingsschminke auf deine Augenlider, deine Augenbrauen und deine Nasenspitze auf.
3. Male dir mit derselben Farbe mehrere Drei-ecke, die von deinem Haaransatz zu deiner Gesichtsmitte zeigen, auf die Stirn.
4. Nimm nun einen schwarzen Eyeliner und zeichne die Form deines Grinsekatze-Mundes auf. Dieser darf ruhig fast die ganze untere Hälfte deines Gesichts einnehmen.
5. Füge mit dem schwarzen Eyeliner noch spitze Zähne hinzu.
6. Wenn du mit der Form zufrieden bist, kannst du den Raum zwischen den Zäh-nen im Mund komplett mit schwarzer Faschingsschminke ausmalen.
7. Damit die Zähne noch besser zur Geltung kommen, kannst du diese mit weißem Eyeliner oder weißer Faschings-schminke ausmalen.
8. Nun geht es mit der Nasenspitze wei-ter, die du mit dem schwarzen Eyeliner umrandest und mit ein paar Schnurr-haaren einrahmst.
9. Jetzt fehlen nur noch die Augen, die du mit schwarzem Eyeliner katzen-förmig umrandest. Wenn du möch-test, kannst du für den perfekten Augenaufschlag auch noch etwas Wimperntusche auftragen.

→

1. Flechte dafür eine dünne Haarsträhne mittig am Kopf und fixiere den Zopf am Ende mit einem kleinen Haargummi.
2. Nimm eine weitere dünne Haarsträhne, die unterhalb deiner geflochtenen Strähne liegt und verbinde die beiden Haarsträhnen mit einem weiteren dünnen Haargummi.
3. Halte die nicht geflochtene Strähne fest, während du die geflochtene Strähne mit dem dünnen Verbindungshaargummi nach oben schiebst, bis ein Katzenohr entsteht.
4. Wiederhole Schritt 1 bis 3 auch auf der anderen Seite und fixiere alles mit Haarspray.

Nun fehlt nur noch ein passendes Outfit in Pink, Weiß oder Schwarz und schon ist dein Grinsekatze-Look komplett.

Miau!

Tattoogirl

Du brauchst:

- hautfarbene Strumpfhose
- Tattoo-Vorlage
- schwarzen Filzstift
- Haarspray
- Karton

Sich ein Tattoo stechen zu lassen ist bestimmt ganz schön schmerzhaft und vor allem dauerhaft. Und Klebetattoos halten nur kurz und bröseln dann ab, was auch nicht optimal ist. Hm, da muss es doch noch einen anderen Weg geben ... Wie wäre es zum Beispiel mit einer Tattoo-Strumpfhose?

1. Drucke und schneide die Vorlage aus. Klebe die ausgeschnittene Vorlage auf ein Stück Karton, das ungefähr so breit und lang ist wie dein Oberschenkel.
2. Ziehe vorsichtig ein Bein der Strumpfhose über den Karton und schiebe ihn an die Stelle, an der später dein Tattoo sein soll. Achte darauf, dass die Strumpfhose gespannt ist und keine Falten wirft.
3. Male nun die Vorlage mit einem schwarzen Filzstift nach und lass alles gut trocknen.
4. Sprühe die Stelle danach mit etwas Haarspray ein, um das Tattoo zu fixieren.
5. Sobald das Haarspray getrocknet ist, kannst du deine Tattoo-Strumpfhose anziehen. Megacool, oder?

Hier geht's zur Vorlage

m-vg.de/link/girlpower_37

Momentaufnahmen

Der warme Sommer hat sich schon verabschiedet, doch auch der Herbst bringt seine Highlights mit. Eines davon sind all die gelben, orangen und roten Herbstblätter, die für eine ganz besondere Atmosphäre sorgen. Das kannst du perfekt für wunderschöne Herbstbilder mit deiner BFF nutzen. Testet einfach verschiedene Ideen aus, denn je mehr ihr ausprobiert, desto toller werden eure Herbstbilder am Ende sein. Hier ist übrigens Platz für deine Lieblingsbilder.

Natürlich könnt ihr ein paar eurer Bilder auch auf Instagram teilen. Vergesst dabei nicht #teamunique und #100girlpower. Falls deine BFF auf einem der Bilder zu sehen ist, solltest du sie beziehungsweise ihre Eltern vorab um Erlaubnis bitten.

#teamunique
#100girlpower

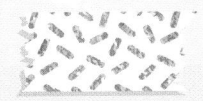

Come on, let's play!

Bei all den Möglichkeiten, am Handy oder am Laptop zu spielen, geraten die guten alten Offline-Klassiker leider oftmals in Vergessenheit. Da du aber hoffentlich trotzdem noch ein paar Brett- und Kartenspiele zu Hause hast, wird es höchste Zeit, diese mal wieder rauszusuchen, um einen Offline-Spieleabend mit der Familie oder deinen Freunden zu veranstalten. Hier kannst du aufschreiben, was du mit wem gespielt hast, wer gewonnen hat und wie es dir gefallen hat.

Spiel	Teilnehmer	Rangliste	Bewertung
		1. 2. 3.	☆☆☆☆☆
		1. 2. 3.	☆☆☆☆☆
		1. 2. 3.	☆☆☆☆☆
		1. 2. 3.	☆☆☆☆☆

La vie en rose

Äpfel gehören mindestens genauso zum Herbst wie Kürbisse.
Doch wusstest du, dass du einen ganz normalen Apfel in
eine wunderschöne Apfelrose verwandeln kannst?

Du brauchst:

- 2 Äpfel
- Saft einer halben Zitrone
- 400 ml Wasser
- 1 Rolle Blätterteig
- 5 EL Marmelade deiner
  Wahl
- Puderzucker zum Bestäuben
- Muffinförmchen aus Papier
  oder Silikon

1. Halbiere die Äpfel, entferne das Gehäuse
   und schneide sie dann in dünne Scheiben.
2. Gib die Scheiben zusammen mit dem
   Zitronensaft und dem Wasser in eine
   Schale, um alles bei 700 Watt für circa
   3 Minuten in der Mikrowelle zu erwärmen. Wenn die Apfelscheiben weich und
   biegsam sind, kannst du sie zum Abkühlen
   und Abtropfen auf ein Küchentuch legen.
3. Schneide den Blätterteig der Länge nach
   in vier circa 5 cm dicke Streifen.

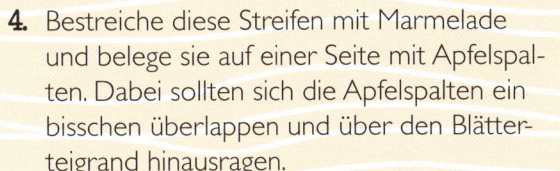

4. Bestreiche diese Streifen mit Marmelade und belege sie auf einer Seite mit Apfelspalten. Dabei sollten sich die Apfelspalten ein bisschen überlappen und über den Blätterteigrand hinausragen.

5. Jetzt klappst du den unteren, nicht mit Äpfeln belegten Teil der Blätterteigstreifen so nach oben, dass die beiden Blätterteighälften die Apfelspalten umschließen und auf gleicher Höhe enden.

6. Wenn du alles ein bisschen festgedrückt hast, rollst du die Blätterteigstreifen eng ein.

7. Damit sie sich nicht wieder öffnen, stellst du sie in eine Papier- oder Silikon-Muffinform.

8. Nun müssen die Apfelrosen für 30 Minuten bei 175 °C Umluft goldbraun gebacken und anschließend mit Puderzucker bestreut werden. Fertig!

Kürbis-Challenge

Erst mit einem selbst geschnitzten Kürbis ist die Halloween-Dekoration so richtig komplett. Was hältst du davon, dieses Jahr nicht nur einen Kürbis zu schnitzen, sondern eine Kürbis-Challenge mit deiner Familie zu starten, bei der der gruseligste Kürbis am Ende gewinnt?

Wenn alle Kürbisse fertig sind und der Gewinner feststeht, kannst du die geschnitzten Grimassen auf die leeren Kürbisvorlagen übertragen und dazuschreiben, wer welchen Kürbis gemacht hat und welchen Platz in der Familien-Kürbis-Challenge belegt hat.

Hier findest du alles, was du für die Kürbis-Challenge brauchst:

- 1 Kürbis für jedes Familienmitglied
- Messer
- Löffel
- Edding, um die Schnitzerei vorzumalen

Kurzes Umstyling gefällig?

Du willst mal wieder etwas Neues und Verrücktes ausprobieren? Dann mach dir ein paar Fake-Piercings für deine Lippe, deine Nase oder deine Ohren und schocke damit deine Freunde und deine Familie. Die werden Augen machen!

Du brauchst:

- Büroklammern
- 1 runden Stift
- Schere
- Nagelfeile

1. Nimm eine Büroklammer deiner Wahl. Bieg sie vorsichtig auseinander und wickel sie um einen runden Stift, damit ein kleiner Kreis entsteht. Wenn es zu schwer geht, kannst du auch eine Zange zu Hilfe nehmen.
2. Zieh die Büroklammer wieder vom Stift ab.
3. Schneide die überstehenden Reste mit einer Schere ab, sodass eine kleine Öffnung am Kreis bleibt.
4. Feile die Enden von deinem Ring mit einer Nagelfeile etwas ab, damit du dich beim Tragen deines Fake-Piercings nicht verletzt.
5. Klemm das Piercing an deiner Lippe, deiner Nase oder deinem Ohr fest und zeig allen dein neues Fake-Piercing.

Crazy? Crazy!

Hast du schon mal Pommes mit Eis gegessen?

☐ Ja ♥ Nein ☐

Hast du schon mal mit einer Blume gesprochen?

☐ Ja ♥ Nein ☐

Hast du dir schon mal selbst die Haare geschnitten?

☐ Ja ♥ Nein ☐

Hast du schon mal an einer Tür gezogen, auf der
»Drücken« stand?

☐ Ja ♥ Nein ☐

Hast du dich schon mal selbst gegoogelt?

☐ Ja ♥ Nein ☐

Du bist toll, weil ...

Sicher weißt du, dass deine Familie dich genauso liebt, wie du bist. Aber weißt du auch, was genau sie an dir schätzt und was sie am tollsten findet? Frag sie doch einfach mal und lass sie es hier reinschreiben. So kannst du all die lieben Worte jederzeit wieder lesen.

Einmal ziehen, bitte!

Mit einem Faden ein Bild malen? Okay, das hört sich erst mal verrückt an! Ganz egal, ob du superschön malen kannst oder ob du bei einfachen Zeichnungen bleibst, mit der Fadenzieh-Maltechnik bekommst du wunderschöne, einzigartige Bilder hin.

Du brauchst:

- mehrere Fäden
- verschiedene Acrylfarben
- Zahnstocher
- 2 Blatt Papier

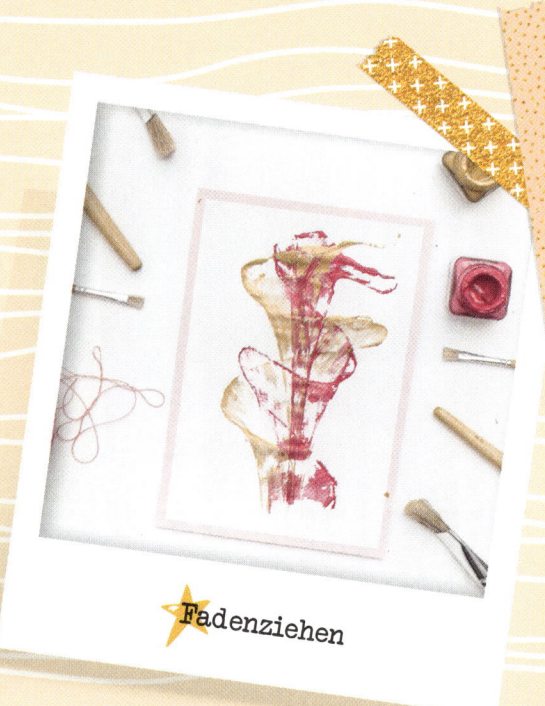

Fadenziehen

Hier geht's zum Video

m-vg.de/link/girlpower_32

1. Wickle den Faden um zwei deiner Finger, streife ihn ab und lege ihn dann in eine kleine Schale mit Farbe.
2. Drücke den Faden mit einem Zahnstocher in die Farbe. Lass dabei aber unbedingt ein Stück des Fadens frei, an dem du ihn wieder aus der Farbe ziehen kannst.
3. Nachdem du den Faden aus der Farbe gezogen hast, legst du ihn in Schlangenlinien auf ein Stück Papier. Lass dabei das nicht eingefärbte Ende des Fadens unten über dem Papierende hervorschauen. Wenn du möchtest, kannst du noch weitere Fäden in derselben oder einer anderen Farbe dazulegen.
4. Sobald du alle Fäden platziert hast, legst du ein zweites Blatt Papier von oben auf die Fäden. Dieses Papier drückst du mit der flachen Hand fest, während du mit der anderen Hand an den Farbfäden ziehst, bis sie komplett zwischen den beiden Papieren herausgezogen sind.
5. Nun musst du die beiden Papiere nur noch auseinanderziehen und schon hast du ein wunderschönes Kunstwerk. Tja, du bist eben eine echte Künstlerin!

Love is in the hair

Täglich werden deine Haare durch Waschen, Föhnen und Bürsten oder durch Haargummis strapaziert. Während die Haut eingecremt und gepflegt wird, bleiben die Haare oftmals auf der Strecke. Da auch deine Haare ab und an eine Extraportion Pflege verdient haben, solltest du am besten einmal pro Woche eine Haarmaske machen.

Wähle eine Zutat passend zu deinem Haartyp:

| Kokosöl für trockene Haare | Olivenöl für geschädigte Haare | Apfelessig für schnell fettende Haare | Milch für krause und widerspenstige Haare |

Wähle zwei Zutaten, um deine Problemzonen zu bekämpfen:

Erdbeeren zur Beruhigung einer gereizten Kopfhaut   Bananen, um das Haar zu kräftigen   Avocados, um deinem Haar mehr Glanz zu verleihen

Backpulver für voluminöseres Haar   Mayo, um trockene Schuppen loszuwerden   Zitrone gegen Frizz

Wähle eine letzte Zutat für das perfekte Finish:

Joghurt für gesunde, gepflegte Haare   Honig für ein schnelleres Haarwachstum   Ei für geschmeidige, glänzede Haare

1. Mische alle Zutaten in einer Schale zusammen.
2. Trage die Maske auf deine trockenen Haare auf und lasse sie für 15 Minuten einwirken.
3. Wasche die Maske mit warmem Wasser und deinem üblichen Shampoo aus.

Fake it till you make it

Das mit dem Haareschneiden ist immer so eine Sache. Einerseits will man etwas verändern und andererseits ist da die Angst, dass es einem am Ende nicht gefallen wird. Genau deswegen solltest du vor dem tatsächlichen Schneiden erst einmal testen, ob dir das Ergebnis gefallen würde. Mit diesem Hack kannst du zum Beispiel super testen, ob dir ein Pony stehen würde.

1. Mach dir einen hohen Pferdeschwanz.
2. Ziehe einen Duttring über deinen Zopf bis zum Kopf.
3. Leg deine Haare von der Mitte nach vorne über den Duttring und befestige sie mit einem Haargummi. Ziehe die Haare hinten zusammen, sodass der ganze Duttring versteckt ist.
4. Kämme die Haarspitzen vorne zusammen und bring sie mit einem Glätteisen in Form.
5. Zupfe deinen neuen Fake-Pony noch ein bisschen zurecht. Um den Übergang ein bisschen besser zu kaschieren, kannst du noch einen Haarreif aufsetzen oder ein Haarband umlegen. Schon hast du einen richtig süßen Fake-Pony.

Hier geht's zum Video

m-vg.de/link/girlpower_36

Heiße Schokolade mal anders

Du hast Lust auf etwas Warmes mit viel Schokolade? Dann ist vielleicht ein warmer Schoko-Tassenkuchen mit flüssigem Kern das Richtige für dich. Dieser Kuchen schmeckt nicht nur lecker, sondern ist auch ruck, zuck fertig.

Du brauchst:

- 2 EL Nuss-Nougat-Creme
- 40 g Mehl
- 4 EL Milch
- 1/2 Päckchen Backpulver

1. Gib die Nuss-Nougat-Creme in eine Tasse und erwärme sie kurz in der Mikrowelle.
2. Mische die restlichen Zutaten in der Tasse dazu und rühre alles gut durch, bis keine Klümpchen mehr zu sehen sind.
3. Stell deinen Tassenkuchen für 1 bis 2 Minuten bei 700 Watt in die Mikrowelle. Je länger du ihn in der Mikrowelle backst, desto fester wird er.
4. Nimm den Tassenkuchen aus der Mikrowelle und lass ihn kurz abkühlen. Und dann kannst du ihn dir auch schon schmecken lassen. Guten Appetit!

Tassenkuchen

Money, Money, Money!

Stell dir für einen Moment vor, du gewinnst eine Million Euro. Was würdest du mit dem ganzen Geld tun? Würdest du dir ein paar Träume erfüllen, es mit deiner Familie teilen oder vielleicht auch etwas spenden? Schreib all deine Ideen hier auf.

Bow Chica Bow Wow!

Wahrscheinlich hast auch du dein Handy immer wieder in der Hand oder in der Tasche. Da ist es ganz normal, dass die Handyhülle irgendwann nicht mehr ganz so schön aussieht. Aber anstatt die Hülle wegzuschmeißen, kannst du sie bemalen und mit einem Band aufpimpen, um so einen richtigen Eyecatcher zu kreieren.

Schleifenhandyhülle

Du brauchst:

- alte Handyhülle
- Lineal
- Stift
- Nagelschere
- schönes Band
- eine Acrylfarbe deiner Wahl

Hier geht's zum Video

m-vg.de/link/girlpower_33

170

1. Zeichne auf deiner Handyhülle in einem Abstand von 1 cm links und rechts acht oder zehn kleine Punkte an. Wichtig ist dabei nur, dass du am Ende eine gerade Anzahl an Punkten hast.
2. Bohre mit einer Nagelschere kleine Löcher durch diese Punkte.
3. Bemale die Hülle nun mit einer Acrylfarbe deiner Wahl und lass sie gut durchtrocknen.
4. Nimm dir ein schönes Band und stich es mithilfe einer kleinen Schere von vorne nach hinten durch die vorab gebohrten untersten Löcher.
5. Führe das Band hinten auf beiden Seiten durch das jeweils direkt darüber liegende Loch. Lege das Band in der Handyhülle dabei möglichst flach, damit die Handyhülle später noch passt.
6. Sobald die Bänder wieder vorne auf der Handyhülle liegen, kreuzt du sie, bevor du sie durch das gegenüberliegende Loch wieder nach hinten ziehst.
7. Diese Schritte wiederholst du, bis du oben angekommen bist. Nun kannst du die beiden Bänder mit einer Schleife verknoten.
8. Jetzt musst du die Hülle nur noch auf deinem Handy befestigen und schon hast du aus einer alten Hülle einen richtigen Eyecatcher gezaubert.

Einmal streichelzarte Haut, bitte

Je kälter das Wetter wird, desto wichtiger ist es, dass du deiner Haut ab und an eine kleine Auszeit mit extra viel Pflege gönnst. Dazu gehört nicht nur Eincremen, sondern auch ein regelmäßiges Peeling. Da du mit dem Peeling sanft abgestorbene Hautschüppchen entfernst, kann deine Haut die Pflege danach viel besser aufnehmen. Außerdem sorgt das Peeling für superweiche Haut und damit für das absolute Wellness-Feeling.

Du brauchst:

- 200 g Zucker
- 50 g Kokosöl oder -fett
- Abrieb und Saft einer Zitrone

1. Gib das Kokosöl beziehungsweise -fett in eine Schale und schmelze es bei 450 Watt für circa 1 Minute in der Mikrowelle.
2. Mische den Zucker mit dem geschmolzenen Kokosöl beziehungsweise -fett.
3. Reibe die Schale der Zitrone in die Zucker-Kokos-Mischung und gib den Zitronensaft dazu. Rühre alles um, fülle es ab und lass es auskühlen. Schon hast du ein supergut duftendes und pflegendes Peeling.
4. Trage das Peeling in kreisenden Bewegungen auf und wasche es danach mit warmen Wasser wieder ab.

Dieses Peeling kannst du nicht nur für den Körper, sondern auch für das Gesicht verwenden, um Pickel vorzubeugen. Um eine zu starke Reibung zu vermeiden, solltest du jedoch dein Gesicht vorher anfeuchten und nur eine kleine Menge Peeling verwenden.

 Peeling

Art Attack!

Es ist mal wieder an der Zeit, ein kleines, aber etwas anderes Malprojekt zu starten. Statt wie üblich ein Bild mit dem Bleistift zu skizzieren, schraffierst du zuerst einmal die ganze Fläche mit Bleistift. Versuche danach, mit einem Radiergummi ein Bild in diese Fläche zu radieren. Gar nicht so leicht, aber irgendwie ziemlich lustig, oder?

Auf die Plätze, fertig, Serienmarathon!

Es ist kalt, regnerisch und windig? Dann ist heute der perfekte Tag für einen Serienmarathon! Also versorge dich mit etwas zum Trinken und Knabbern, kuschel dich in eine flauschige Decke und starte mit einer Serie, die du schon ewig sehen oder weiterschauen wolltest.

In diesen Serientracker kannst du übrigens all deine Serien eintragen. Dafür schreibst du zuerst den Namen der Serie und die Anzahl der Staffeln in die Felder. Immer wenn du eine Staffel geschaut hast, kannst du diese durchstreichen und am Ende kannst du die Serie noch bewerten.

Serie:

Staffeln:

Bewertung:
☆☆☆☆☆

Serie:

Staffeln:

Bewertung:
☆☆☆☆☆

Serie:

Staffeln:

Bewertung:
☆☆☆☆☆

Serie:

Staffeln:

Bewertung:
☆☆☆☆☆

Serie: _____

Staffeln: _____

Bewertung:

☆☆☆☆☆

Serie: _____

Staffeln: _____

Bewertung:

☆☆☆☆☆

Serie: _____

Staffeln: _____

Bewertung:

☆☆☆☆☆

Serie: _____

Staffeln: _____

Bewertung:

☆☆☆☆☆

Serie: _____

Staffeln: _____

Bewertung:

☆☆☆☆☆

Serie: _____

Staffeln: _____

Bewertung:

☆☆☆☆☆

Serie: _____

Staffeln: _____

Bewertung:

☆☆☆☆☆

Serie: _____

Staffeln: _____

Bewertung:

☆☆☆☆☆

Willkommen im Home-Spa, Honey!

Weißt du was? Du hast dir mal wieder eine richtige Auszeit verdient, einen Beautytag nur für dich! Und hier findest du ein paar Ideen, was du an so einem Beautytag alles machen kannst.

Nimm ein Kleopatra-Bad

Lass dir ein heißes Bad ein und gib 1 Liter Milch und 3 EL Honig hinzu. Dieses Bad riecht megalecker und macht deine Haut streichelzart. Und genau das schätzte auch die berühmte Pharaonin Kleopatra.

Pflege deine Haare

Oftmals vergisst man bei all der Hautpflege, dass auch die Haare ab und an ein bisschen Pflege brauchen. Mische dafür einfach 1 Ei mit 2 EL Honig und massiere die Mischung gut in die Haare ein. Lass die Haarmaske für circa 20 Minuten einwirken und spüle sie dann wieder aus.

Mach eine Gesichtsmaske

Statt eine Maske zu kaufen, kannst du passend zum Kleopatra-Bad 5 EL Naturjoghurt mit 1 EL Honig mischen. Wenn du die Maske auf dein Gesicht aufgetragen hast, lässt du sie am besten für 15 bis 20 Minuten einwirken, bevor du sie mit warmem Wasser abspülst.

Bye-bye, Prüfungsangst!

Oh nein, schon wieder steht eine Schulaufgabe oder ein Referat an! Wenn du bei diesem Gedanken nervös wirst oder sogar leichte Panik bekommst, sind die folgenden Tipps genau richtig für dich.

3 Tipps für die Vorbereitungsphase

1. **Beginne rechtzeitig mit den Vorbereitungen.**
   So macht es auch nichts, wenn du an einem Tag nicht weiterkommst, weil einfach nichts klappen will und keine neuen Informationen im Kopf bleiben.
2. **Gönn dir eine Pause.**
   Niemand kann den ganzen Tag Informationen aufnehmen und diese auch behalten. Lerne lieber eine Stunde konzentriert und gönn dir dann eine kleine Pause. Danach kannst du wieder voller Elan durchstarten.
3. **Teste dich selbst.**
   Tu zu Hause so, als würdest du mit Übungsaufgaben eine Prüfung schreiben oder ein Referat halten. Je ähnlicher die Bedingungen denen in der Schule sind, desto besser. Dadurch gewöhnst du dich an diese Stresssituation und kannst im Ernstfall dann besser damit umgehen.

2 Tipps während der Prüfung

1. **Nimm dir einen kurzen Moment.**
   Sobald du merkst, dass die Aufregung steigt, solltest du daran denken, dass du gut vorbereitet bist. Du hast frühzeitig angefangen und alles getan, was du tun konntest. Atme tief und ruhig ein und aus und gib dein Bestes.
2. **Beginne mit etwas Bekanntem.**
   Wenn die erste Aufgabe unlösbar scheint, gib nicht auf, sondern suche dir eine Aufgabe, die du lösen kannst. Nach diesem Erfolgserlebnis fällt es dir leichter, dich in schwerere Aufgaben reinzudenken. Bei Referaten kannst du zum Beispiel deinen Einstieg auswendig lernen und dann nach und nach freier sprechen.

Winter zauber

Besondere Tage

Nikolaus
Weihnachten
Silvester
Valentinstag

_____
_____

Winter-Bucket-List

Auf dieser Liste kannst du zehn weitere Dinge aufschreiben, die du diesen Winter unbedingt machen möchtest. Immer wenn du einen Punkt erledigt hast, kannst du ihn abhaken. Komm am Ende des Winters wieder zu dieser Seite zurück, um zu sehen, ob du alles erledigt hast oder ob du das eine oder andere noch nachholen möchtest.

- Nimm mal wieder ein heißes Bad ☐
- Bau einen Schneemann ☐
- Trink eine heiße Schokolade ☐
- Geh Schlittschuh laufen ☐
- Hänge Lichterketten auf ☐
- _____ ☐
- _____ ☐
- _____ ☐
- _____ ☐
- _____ ☐
- _____ ☐
- _____ ☐
- _____ ☐
- _____ ☐
- _____ ☐

Geheime Botschaften

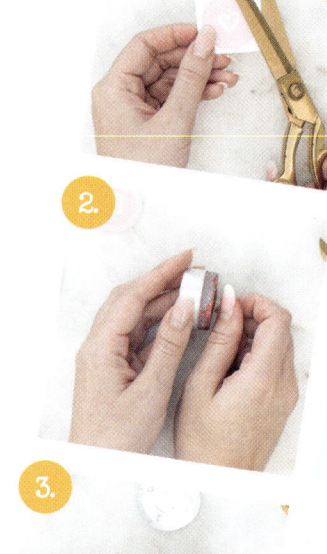

Sobald man Kerzen anzündet, wird jeder Raum sofort in ein ganz besonderes Licht getaucht, das ein Gefühl von Wärme und Geborgenheit ausstrahlt. Doch dieses Licht kann noch viel mehr, wenn du in deinen Kerzen kleine geheime Botschaften versteckst.

Du brauchst:

- 1 Teelicht
- Bastelvorlage
- Schere

Hier geht's zu Vorlage und Video

m-vg.de/link/girlpower_44

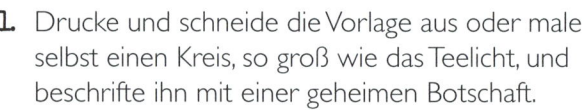

1. Drucke und schneide die Vorlage aus oder male selbst einen Kreis, so groß wie das Teelicht, und beschrifte ihn mit einer geheimen Botschaft.
2. Nimm das Teelicht vorsichtig aus der Metallhalterung. Sollte es nicht gehen, kannst du das Teelicht kurz in warmes Wasser stellen.
3. Zieh dann auch den Docht vorsichtig nach unten aus dem Teelicht.
4. Stich nun mittig ein kleines Loch durch deine Teelichtbotschaft, um den Docht dort durchzustecken.
5. Stecke den Docht danach wieder durch das Teelicht und stell alles zusammen in die Metallhalterung. Jetzt kannst du das Teelicht verschenken, um deine Freunde oder deine Familie mit einer geheimen Botschaft zu überraschen, wenn das Wachs der Kerze komplett geschmolzen ist. Keine Sorge, das Papier kann nicht anbrennen.

This or That?

Kreuze jeweils das an, was du im Winter lieber machst. Falls dir noch ein paar Punkte für deine Winter-Bucket-List auf Seite 179 fehlen, kannst du anschließend dort noch den einen oder anderen Punkt aus der This-or-That-Liste ergänzen.

☐ Tee trinken *oder* heiße Schokolade schlürfen ☐

☐ Duftkerzen anzünden *oder* Lichterketten aufhängen ☐

☐ einen Schneemann bauen *oder* eine Schneeballschlacht machen ☐

☐ einen kuscheligen Sweater tragen *oder* in eine Decke einkuscheln ☐

☐ Geschenke bekommen *oder* Geschenke machen ☐

Willst du einen Schneemann bauen?

Spätestens seit Olaf, der Schneemann aus *Die Eiskönigin,* bekannt geworden ist, sind Schneemänner wieder absolut im Trend. Also was hältst du davon, dir einfach selbst einen kleinen Schneemann zu bauen? Und wenn du fertig bist, kannst du den Schneemann hier genauso verzieren wie deinen echten.

Jeden Tag ein neues Türchen

Zu den schönsten Ritualen in der Vorweihnachts-zeit gehört wohl ein eigener Adventskalender, damit man sich jeden Tag auf eine neue kleine Über-raschung freuen kann. Hast du eigentlich schon einmal einen Adventskalender verschenkt oder mit einer Freundin getauscht? Wenn nicht, ist es dieses Jahr auf jeden Fall an der Zeit.

Hier gehts zu
Vorlage und Video

m-vg.de/link/girlpower_39

Du brauchst:

- 24 Pappbecher oder 24 Klopapierrollen
- Füllung deiner Wahl
- Geschenkpapier
- Karton
- Kleber
- Schere
- Bastelvorlage

Variante 1:

1. Schneide zuerst ein circa 45 x 45 cm großes Stück Pappe aus und beklebe es mit einem schönen Geschenkpapier. Nimm dann 24 Pappbecher und schneide bei allen zuerst den etwas dickeren Papprand ab.
2. Schneide alle Becher vom Rand circa zwei Fingerbreit nach unten im Abstand von circa 1 bis 2 cm rundherum ein.

3. Befülle deine Pappbecher mit Süßigkeiten, Komplimenten, Gutscheinen oder was dir sonst noch einfällt, und klappe die zuvor eingeschnittenen Streifen nach und nach in die Mitte. Achte dabei darauf, dass sich die Streifen immer etwas überlappen.

4. Wenn du beim letzten Streifen angekommen bist, hebst du den ersten Streifen noch einmal leicht an, um den letzten Streifen darunterzuschieben.
5. Drücke den neu entstandenen Deckel in der Mitte nun nach unten, um die Pappbecherbox fest zu verschließen.
6. Drucke und schneide die Vorlage aus und beklebe die gefüllten Pappbecherboxen mit den Nummern.

7. Sobald du alle Becher gefüllt, verschlossen und beklebt hast, kannst du sie auf dem mit Geschenkpapier beklebten Karton in einer Tannenbaumform festkleben. So einfach und doch wunderschön!

Variante 2:

1. Wenn du rechtzeitig zu sammeln beginnst, kannst du statt Pappbechern auch Klopapierrollen nehmen. Beklebe auch für diese Variante zunächst ein 35 × 35 cm großes Kartonstück mit Geschenkpapier. Verschönere dann auch die 24 Klopapierrollen mit Geschenkpapier. Streiche dafür die Klopapierrollen mit Kleber ein und umwickle sie mit einem Streifen Geschenkpapier.

2. Klebe die Klopapierrollen danach genau wie in Variante 1 in einer Tannenbaumform auf deinen Karton. Anschließend kannst du die Rollen befüllen.

3. Um die Rollen zu verschließen, musst du zum Schluss nur noch die ausgedruckten und ausgeschnittenen Vorlagen oben auf die Rollen kleben. Und fertig ist auch dieser wunderschöne selbst gemachte Adventskalender!

Dancing on ice!

Kleb am Ende hier deine Eintrittskarte ein:

Sieht es nicht einfach wunderschön aus, wie die Eiskunstläufer über das Eis gleiten, ja fast fliegen? Selbst wenn du nicht mal ansatzweise solche Kunststücke auf dem Eis kannst, macht Eislaufen richtig viel Spaß. Deshalb schnapp dir deine Schlittschuhe und gehe mal wieder mit ein paar Freunden zum Eislaufen. Wenn du keine Schlittschuhe hast, ist das übrigens kein Problem, denn meistens kann man sich im Eisstadion welche ausleihen.

A letter to myself

Weißt du, wie dein Leben in fünf Jahren aussehen soll? Oder hast du Tipps, die du deinem älteren Ich unbedingt geben möchtest? Dann schreib all das hier auf. Schreibe einen Brief an dein fünf Jahre älteres Ich. Schneide danach diese Seite aus dem Buch und stecke den Brief in einen Umschlag. Lege den Umschlag am besten an einen Ort, an dem du ihn in fünf Jahren wiederfindest, oder bitte deine Eltern, dir den Brief in fünf Jahren zu geben.

Für mich!
Öffne diesen Brief,
wenn du ___ Jahre alt bist.

Rudolph, the Red-Nosed Reindeer

All die Leckereien und das Naschen sind doch mit das Beste an der Weihnachtszeit. Aber viele Weihnachtsleckereien wie zum Beispiel Weihnachtsbruchschokolade schmecken nicht nur superlecker, sondern eignen sich auch toll als persönliches Geschenk. Also, los geht's!

Du brauchst:

- 2 Tafeln Schokolade deiner Wahl
- rote Smarties
- kleine Salzbrezeln
- Zuckeraugen
- Zuckerschneeflocken oder essbarer Glitzer
- Etikettvorlage

Bruchschokolade

1. Zerkleinere zuerst die Schokolade, um sie dann in einem Wasserbad zu schmelzen.
2. Lege einen Teller oder ein Blech mit Backpapier aus, gieße die flüssige Schokolade darauf und verteile sie mithilfe eines Löffels gleichmäßig.
3. Brich die Salzbrezeln vorsichtig in zwei Hälften für ein Geweih und leg daraus zusammen mit einem roten Smartie und zwei Augen ein süßes Rentiergesicht in die Schokolade.
4. Wenn du einige Rentiergesichter in die flüssige Schokolade gelegt hast, kannst du die Schokolade auch noch mit essbarem Glitzer oder Zuckerschneeflocken verzieren.
5. Jetzt muss die Schokolade nur noch im Kühlschrank aushärten, bevor du sie in handliche Stücke schneiden kannst.
6. Statt diese süße Weihnachtsbruchschokolade komplett selbst zu naschen, kannst du sie auch in ein durchsichtiges Tütchen geben und mit einem Etikett verzieren, um sie zu verschenken.

Hier geht's zur Vorlage

m-vg.de/link/girlpower_09

Last-Minute-Geschenkideen

Weihnachten steht vor der Tür und du hast immer noch keine Geschenke für deine Liebsten? Kein Problem, denn bei diesen Last-Minute-Geschenken ist für jeden etwas dabei!

1. Bastle einen Fotokalender fürs neue Jahr

Einen leeren Kalender mit Platz für Fotos kannst du in vielen Drogerien kaufen oder im Internet bestellen. Du kannst aber auch zwölf Tonpapiere am oberen Ende zusammentackern und per Hand die Daten für jeden Monat auf die untere Hälfte schreiben. Statt die Papiere zusammenzutackern, kannst du sie auch lochen und mit einem Faden zusammenbinden. Nun musst du nur noch zwölf Fotos aussuchen und sie in den Kalender kleben.

2. Stelle eine Backmischung zusammen

Such dir ein richtig leckeres Rezept aus und schreibe es auf ein kleines Kärtchen. Nun schichtest du alle losen Zutaten wie Mehl oder Zucker in ein schönes Glas, an dem du dann dein handgeschriebenes Rezept mit den weiteren Zutaten und der Anleitung festbindest. Zum Abschluss kannst du das Glas noch ein bisschen verzieren.

3. Gestalte einen Gutschein

Gemeinsame Zeit ist eines der schönsten Geschenke. Und das Beste ist: Du kannst einen Gutschein noch im allerletzten Moment vorbereiten. Überlege dir, was du mit den Beschenkten gerne unternehmen würdest, und gestalte dann passend dazu einen Gutschein. Du kannst dafür auch die Gutscheinvorlagen auf Seite 218 verwenden.

Just fix it!

Oh nein, schon wieder ein gezogener Faden an deinem Lieblingspulli? Kein Problem, denn mit einer Haarklammer kannst du den Faden ganz einfach verstecken.

1. Zieh dafür den Faden in die Haarnadel.
2. Steck die Haarnadel von außen nach innen in den Pulli.
3. Greif die Haarnadel von innen und zieh den kompletten Faden nach innen in den Pulli.
4. Jetzt musst du nur noch den Faden aus der Haarnadel schieben und schon sieht dein Pulli aus wie neu.

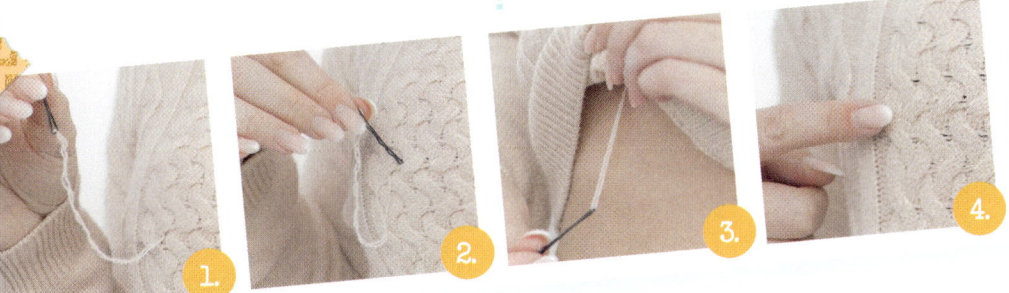

Auf die Bälle, fertig, los!

Es hat geschneit? Dann ist heute genau der richtige Tag, um mal wieder ein bisschen verrückt zu sein. Also ruf deine Familie oder ein paar Freunde zusammen, zieht euch warm an und startet eine große Schneeballschlacht! Und wenn du dich nach der Schneeballschlacht wieder aufgewärmt hast, kannst du hier eintragen, wer dabei war und wer am meisten Schneebälle abbekommen hat.

_____ ✿✿✿✿✿

_____ ✿✿✿✿✿

_____ ✿✿✿✿✿

_____ ✿✿✿✿✿

_____ ✿✿✿✿✿

_____ ✿✿✿✿✿

_____ ✿✿✿✿✿

Kuschel mit mir!

Bestimmt hast oder hattest auch du ein richtig süßes Kuscheltier, das einfach immer und überallhin mitmuss. Egal, wie alt man wird, manchmal braucht man eben etwas zum Kuscheln, wie zum Beispiel diesen süßen Handtuchteddy, der sich auf eine dicke Umarmung freut. Da der Teddy aus einem Handtuch ist, wäre er übrigens auch eine tolle Geschenkergänzung, wenn du einer Freundin eine Gesichtsmaske oder eine Badebombe schenken möchtest.

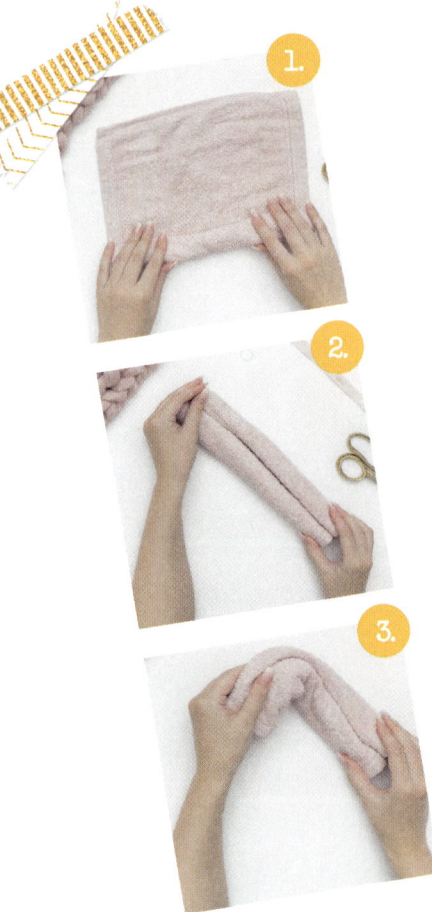

Du brauchst:

- kleines Handtuch
- Minihaargummis
- schönes Band

Hier geht's zum Video

m-vg.de/link/girlpower_46

1. Rolle das Handtuch an der Längsseite zunächst von einer Seite bist zur Mitte eng auf.
2. Halte das Handtuch dort fest und rolle es auch von der anderen Seite bis zur Mitte auf.
3. Nimm nun das obere Drittel der beiden Rollen und drehe es zu dir.
4. Leg dann das nach unten gedrehte Drittel direkt über die unteren längeren Rollen und zieh es etwas auseinander. Die anderen Rollen sollten jetzt vom Handtuch bedeckt werden. Nun liegen die vier Rollen nach unten geöffnet nebeneinander. Wichtig ist dabei, dass das unterste Drittel frei bleibt.
5. Binde das Handtuch nun im oberen Teil mit einem durchsichtigen Haargummi zusammen, sodass ein kleiner Kopf entsteht. Trenne danach links und rechts jeweils einen kleinen Teil des Kopfs mit Haargummis für die Ohren ab.
6. Binde dem Teddy nun noch eine Schleife um den Hals, damit er noch etwas süßer aussieht.
7. Sobald die Schleife sitzt, hast du einen richtig süßen Handtuchteddy, der definitiv noch einen Namen braucht. Wie soll dein Teddy heißen?

Psst!

Ein cooles Gesichtsmasken-rezept findest du auf Seite 227. Auf Seite 206 findest du zwei Rezepte für Badezusätze.

Leise rieselt der Schnee

Während es draußen immer kälter wird und vielleicht sogar schon der erste Schnee fällt, wird es Zeit, dass du es dir drinnen so richtig gemütlich machst. Dabei darf natürlich eine passende selbst gemachte Winterdeko nicht fehlen. Also bastle ein paar schöne Schneeflocken und hol dir den Winter in dein Zimmer.

Du brauchst:

- 2 Klopapierrollen
- Farbe
- Schwämmchen
- Flüssigkleber
- Glitzer oder Kunstschnee
- Schere
- Lineal
- Bleistift

Hier geht's zum Video

m-vg.de/link/girlpower_40

192

1. Betupfe die Klopapierrollen mit einem Schwämmchen komplett mit weißer Farbe und lass sie trocknen.
2. Drücke die Rollen flach und teile sie mithilfe eines Lineals in 1 cm große Abschnitte. Markiere diese Abschnitte am besten mit einem dünnen Bleistiftstrich.
3. Schneide die Rolle entlang deiner Markierungen in 1 cm breite Streifen.
4. Lege die Stückchen mit einer der Schnittkanten in eine Schale mit flüssigem Kleber und drücke sie dann in eine Schale mit Glitzer oder Kunstschnee. Wiederhole das, bis du 15 Klopapierrollenstreifen verziert hast.
5. Lege fünf mit der verzierten Seite nach oben und mit der Spitze zur Mitte in einen Kreis und klebe alles gut zusammen. Gib dafür etwas Kleber auf beide Seiten der Spitzen.
6. Nimm nun die restlichen Streifen und knicke diese einmal in der Mitte zu einem »V«. Streiche auch hier die äußeren Seiten der durch das Knicken neu entstandenen Spitze mit Kleber ein und klebe jeweils zwei der geknickten Streifen übereinander zwischen die fünf großen Streifen.
7. Ziehe durch eine der Spitzen einen Faden und verknote ihn, um deine Schneeflocke daran aufzuhängen. Let it snow!

You nailed it!

Du lackierst deine Nägel oft nur in einer Farbe, weil du denkst, dass du sowieso kein tolles Nageldesign hinbekommst, da so was einfach zu schwer für dich ist? Dann probier mal diesen coolen Hack, mit dem du supereasy ein richtig schönes Streifendesign zaubern kannst.

Du brauchst:

- hellen Nagellack
- dunklen Nagellack
- Klarlack
- Zahnseide

Hier geht's zum Video

m-vg.de/link/girlpower_47

1. Lackier deine Nägel zuerst mit dem hellen Nagellack und lass alles gut trocken.
2. Umwickle dann zuerst deinen Finger und dann auch deinen Nagel mit Zahnseide und halte die Enden der Zahnseide mit den anderen Fingern fest, damit nichts verrutscht.
3. Trage den dunklen Nagellack statt von unten nach oben von einer Seite zur anderen entlang der Zahnseide auf, damit du die Zahnseide nicht verschiebst.
4. Wenn der Lack kurz angetrocknet ist, kannst die die Zahnseide vorsichtig abwickeln.
5. Sobald alle Nägel getrocknet sind, kannst du dein Design noch mit Klarlack versiegeln. Und schon hast du ein richtig cooles Nageldesign!

Weihnachtsgeschenkeplaner

Weihnachten rückt immer näher, und das heißt, es wird höchste Zeit, sich schon einmal Gedanken darüber zu machen, was du deinen Liebsten dieses Jahr schenken möchtest. Auf dieser Liste kannst du eintragen, wem du was schenken möchtest. Danach kannst du markieren, welche Geschenke du schon besorgt oder gebastelt hast und welche du sogar schon eingepackt hast.

Beschenkter	Geschenkidee	Gekauft	Verpackt	Verschenkt
		☐	☐	☐
		☐	☐	☐
		☐	☐	☐
		☐	☐	☐
		☐	☐	☐
		☐	☐	☐
		☐	☐	☐
		☐	☐	☐
		☐	☐	☐

Psst!

Denk daran, dass oftmals die Dinge, die von Herzen kommen, viel wertvoller sind, als teure Dinge es jemals sein könnten. Wenn du noch ein paar Ideen brauchst, kannst du dieses Buch einfach noch einmal durchblättern und dir ein bisschen Inspiration holen.

Schneeflöckchen, Weißröckchen ...

Ist es nicht wundervoll, sich drinnen mit einem heißen Getränk einzukuscheln und dabei den Schnee draußen zu beobachten, wie er langsam über alles eine weiche weiße Decke legt? Nun fehlt nur noch das passende Getränk. Was könnte besser passen als ein leckerer Snowflake-Drink.

Du brauchst:

- 2 Eigelb
- 25 g weiße Schokolade
- 70 ml Milch
- 20 g Puderzucker
- 1 TL Vanillinzucker
- 70 ml Sahne
- 20 g Zucker

1. Lass die Schokolade in der warmen Milch schmelzen.
2. Schlag währenddessen die Sahne und verrühre in einer weiteren Schale den Vanillinzucker mit den Eigelb und dem Puderzucker.
3. Gib dann nach und nach die warme Schokomilch hinzu und rühre die Masse für 5 Minuten in einem warmen Wasserbad weiter. Dabei darf die Masse nicht zu heiß werden, da das Eigelb sonst gerinnt.
4. Tauche den Rand deines Glases nun in Wasser und drücke ihn dann in eine Schale mit Zucker. Fülle jetzt deinen Schneeflocken-Drink in das Glas.

Snowflake-Drink

Christmas Mood Loading

Viele Familien schmücken ihren Weihnachtsbaum erst kurz vor oder sogar erst an Heiligabend. Du bist ungeduldig und würdest am liebsten jetzt schon alles dekorieren? Dann schmück doch einfach schon mal diesen Baum, wie es dir gefällt.

Weihnachtselfen-Einmaleins

Geschenke einpacken ist oft alles andere als einfach. Mal ist das abgeschnittene Geschenkpapier doch zu klein und mal ist das Geschenk so unförmig, dass man wirklich überhaupt keine Ahnung hat, wie man es einpacken soll. Falls es dir genauso geht – keine Sorge, denn heute bekommst du einen Weihnachtselfen-Crashkurs im Geschenkeeinpacken.

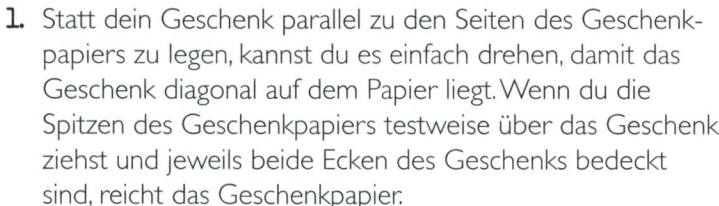

Problem 1: Das Papier ist zu klein

1. Statt dein Geschenk parallel zu den Seiten des Geschenkpapiers zu legen, kannst du es einfach drehen, damit das Geschenk diagonal auf dem Papier liegt. Wenn du die Spitzen des Geschenkpapiers testweise über das Geschenk ziehst und jeweils beide Ecken des Geschenks bedeckt sind, reicht das Geschenkpapier.

2. Lege nun eine Ecke des Geschenkpapiers auf das Geschenk und fixiere die Ecke mit einem kleinen Stück Tesafilm.
3. Drücke das überstehende Papier zunächst nach unten und von der Seite nach innen an das Geschenk. Ziehe die nächste Spitze des Geschenkpapiers nach oben und klappe es dann über das Geschenk. Achte dabei darauf, dass das Geschenkpapier genau mit der Kante des Geschenks abschließt.

4. Halte das Geschenkpapier fest, während du nun auch die gegenüberliegende Seite genauso über das Geschenk faltest.

5. Wenn du die beiden Spitzen mit einem kleinen Stück Tesafilm befestigt hast, kannst du auch noch den letzten Teil des Geschenkpapiers über das Geschenk falten und mit Tesafilm befestigen.

6. Jetzt fehlt nur noch ein bisschen Deko und schon hast du dein Geschenk richtig schön mit einem eigentlich zu kleinen Geschenkpapier verpackt.

Hier geht's zum Video

m-vg.de/link/girlpower_41

Problem 2: Das Geschenk ist unförmig beziehungsweise nicht viereckig

1. Statt dein Geschenkpapier einfach irgendwie um das Geschenk herumzuknittern, kannst du eine Geschenkpapiertüte basteln.

2. Schneide dafür einen Streifen Geschenkpapier aus, der circa doppelt so hoch und viermal so breit wie dein Geschenk ist. Falte die beiden kurzen Außenkanten zur Mitte, sodass sie sich etwas überlappen. Klebe sie dort mit Tesafilm zusammen, damit ein Schlauch entsteht.

3. Falte nun das untere Drittel deines Geschenkpapierschlauchs für den Boden der Tüte nach oben.

4. Öffne die Faltung wieder nach oben und drücke den gefalteten Teil an den Seitenfaltungen so auf, dass sich das Papier aufstellt und zwei Dreiecke entstehen.

5. Falte diese Dreiecke zur Mitte. Je breiter die Tüte wird, desto weiter sind die beiden Dreiecke voneinander entfernt. Sie müssen sich also nicht in der Mitte treffen.

6. Knicke nun zuerst den unteren und dann den oberen Teil des Bodens zur Mitte des Bodens, sodass sich die beiden Teile etwas überlappen.

7. Fixiere danach noch alles gut mit Tesafilm, damit die Tüte einen stabilen Boden hat.

8. Drücke die Tüte jetzt einfach von oben auseinander und stelle dein Geschenk hinein.

9. Knicke zum Schluss noch den oberen Rand der Tüte ein- bis zweimal nach unten, um die Tüte zu verschließen.

10. Wenn du möchtest, kannst du die Geschenktüte ein bisschen verzieren, damit dein Geschenk noch schöner verpackt ist.

Welche Disney-Prinzessin bist du?

Wer hat nicht schon mal davon geträumt, eine Prinzessin zu sein? Mit diesem Test findest du heraus, welche Disney-Prinzessin dir am ähnlichsten ist. Beantworte die Fragen und zähle am Ende die Punkte zusammen. Auf Seite 237 findest du die Auswertung.

 Welche Aussage trifft am ehesten auf dich zu?

1   Ich versuche immer, das Gute in jedem zu sehen.
3   Ich bin ab und an auch gerne alleine.
4   Ich bin immer offen für neue Herausforderungen.
2   Ich lerne gerne und schnell.

 Welcher Spruch gefällt dir am besten?

2   Sei mutig und freundlich.
3   Manchmal muss man einfach loslassen.
1   Etwas muss erst geliebt werden, bevor es liebenswert ist.
4   Glaub daran, dass du es kannst, dann wirst du es auch können.

 Welche Jahreszeit magst du am liebsten?

1   Ich liebe die Wärme des Sommers.
4   Ich liebe die Farben des Herbstes.
3   Ich liebe das Glitzern des Winters.
2   Ich liebe den Neuanfang des Frühlings.

4. Was macht dich wütend?

4   Wenn ich nicht ernst genommen werde.
I   Wenn Leute mich falsch einschätzen.
2   Wenn andere mich ausnutzen.
3   Wenn andere mich für schwach halten.

5. Wie sollte dein Märchenprinz sein?

4   Er sollte abenteuerlustig und mutig sein.
I   Mir ist egal, wie er aussieht, solange er einen
        tollen Charakter hat.
2   Er sollte romantisch und verträumt sein.
3   Was für ein Prinz? Ich brauche keinen Prinzen!

Zähle nun deine Punkte zusammen und trage sie hier ein:

Auf die Plätzchen, fertig, los!

Ist der Duft, der in der Weihnachtszeit von der Küche in jedes Zimmer strömt und dich zu all den leckeren Plätzchen lockt, nicht wundervoll? Allerdings macht nicht nur das Plätzchenessen, sondern auch das gemeinsame Backen mit der Familie oder einer Freundin richtig viel Spaß. Wie wäre es zum Beispiel mit superleckeren Schneeflöckchen, die wie echte Schneeflocken einfach auf der Zunge zerfallen?

Du brauchst:

- 250 g Stärke
- 250 g weiche Butter
- 100 g Puderzucker
- 150 g Mehl
- 1 Prise Salz
- 2 Päckchen Vanillinzucker
- 100 g Puderzucker zum Bestäuben

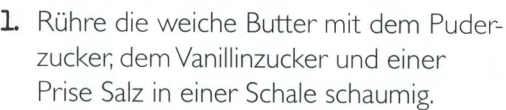

1. Rühre die weiche Butter mit dem Puderzucker, dem Vanillinzucker und einer Prise Salz in einer Schale schaumig.
2. Vermische das Mehl mit der Stärke in einer weiteren Schale, bevor du diese Mischung nach und nach unter ständigem Rühren zu der Butter-Zucker-Masse gibst.
3. Sobald der Teig gut durchgeknetet ist, kannst du ihn zu drei Rollen formen und diese für 30 Minuten in den Kühlschrank legen.
4. Währenddessen kannst du den Backofen vorheizen (Ober-/Unterhitze 175 °C/ Umluft 160 °C) und die Backbleche mit Backpapier auslegen.
5. Nach 30 Minuten kannst du die Rollen in Scheiben schneiden, um daraus kleine Kugeln zu formen. Die Kugeln müssen dabei nicht perfekt sein, da du sie im nächsten Schritt auf das Backblech legst und mit einer kleinen Gabel flach drückst.
6. Wenn das Blech voll ist, werden die Schneeflöckchen auf mittlerer Schiene circa 12 bis 15 Minuten gebacken.
7. Anschließend musst du sie nur noch ein bisschen abkühlen lassen, mit Puderzucker bestäuben und einfach genießen!

Schneeflöckchen-Plätzchen

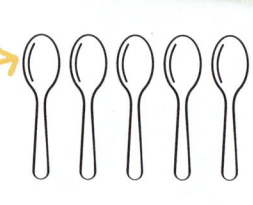

Retro-Vibes

Mit diesen süßen Minilocken bekommst du echte Retro-Vibes, denn früher war die Dauerwelle eine echte Trendfrisur. Mittlerweile gerät sie immer mehr in Vergessenheit. Aber vielleicht erinnern sich ja deine Eltern oder Großeltern wieder daran, wenn du sie mit dieser coolen Frisur überraschst.

1. Schnapp dir ein Glätteisen und einen runden Bleistift.
2. Wickle eine Haarsträhne um den Bleistift und halt sie am Ende fest.
3. Fahre mit dem Glätteisen über die aufgewickelten Haare, um sie anzuwärmen.
4. Lass die Strähne kurz abkühlen, bevor du den Stift wieder rausziehst.
5. Wiederhole die Schritte, bis alle deine Haare gelockt sind, und fixiere alles mit Haarspray.

O Tannenbaum,
o Tannenbaum ...

Zu einem tollen Geschenk gehört auch eine richtig schöne Karte. Doch die meisten Karten, die man kaufen kann, sind ziemlich unpersönlich und deswegen sind selbst gebastelte Karten immer noch am schönsten. Besonders mit dieser 3-D-Weihnachtskarte wirst du deinen Liebsten nicht nur eine große Freude, sondern auch einen kleinen Überraschungsmoment schenken.

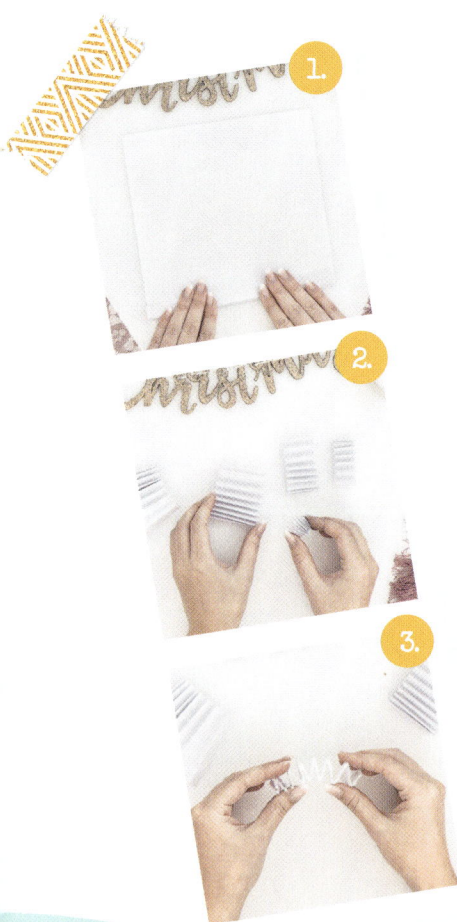

Du brauchst:

- buntes Tonpapier
- weißes Papier
- Flüssigkleber
- Schere
- Kunstschnee
- Kleber
- Material zum Verzieren wie zum Beispiel Washi Tape oder Klebeperlen

Hier geht's zum Video

m-vg.de/link/girlpower_42

1. Falte ein weißes A4-Blatt abwechselnd nach vorne und nach hinten, sodass eine Ziehharmonika entsteht.
2. Zerschneide die fertige Ziehharmonika quer zu deiner Faltung in vier oder fünf unterschiedlich große Teile.
3. Stelle die gefalteten Teile nun so auf, dass man vorne das Zickzackmuster sieht. Wenn du möchtest, kannst du diese Seite noch in flüssigen Kleber und dann in Kunstschnee oder Glitzer tauchen, damit dein Baum später etwas eingeschneit aussieht.
4. Während der Schnee antrocknet, kannst du ein buntes A4-Tonpapier einmal in der Mitte falten.
5. Klebe zuerst das kleinste Teil an den beiden Außenseiten links und rechts der Mittellinie oben in die Karte, damit es sich auffächert sobald du die Karte öffnest.
6. Befestige dann nach und nach alle anderen Teile von klein nach groß mit etwas Abstand in der Karte.
7. Da die Karte nun noch etwas leer aussieht, kannst du sie mit ein paar Glitzersternchen oder Washi Tape verzieren oder einen kleinen Text reinschreiben.
8. Damit die Karte auch zugeklappt toll aussieht, kannst du abschließend noch die Vorderseite verzieren und schon hast du eine wunderschöne 3-D-Pop-up-Weihnachtskarte mit Wow-Faktor.

Just relax!

Draußen ist es eisig kalt, und das bedeutet, dass es mal wieder Zeit für ein heißes Bad wird. Doch einfach nur in heißem Wasser entspannen ist natürlich viel zu langweilig. Stattdessen kannst du dir für dein Bad noch etwas Badesalz zusammenmischen, um deine Haut richtig schön zu pflegen. Und für den Spaßfaktor darf natürlich auch eine selbst gemachte Badebombe nicht fehlen. Das Badesalz und die Badebombe kannst du übrigens auch supergut verschenken.

⭐ Badesalz & Badebombe

1. Mische das Meersalz mit etwas Duftöl und Farbe. Wenn du möchtest, kannst du auch ein paar getrocknete, zerriebene Blumen dazugeben.
2. Wenn alles gut verrührt ist, gibst du das Salz entweder direkt in die Badewanne oder in ein schönes Glas, um es aufzubewahren oder zu verschenken.

Für das Badesalz brauchst du:

- 100 g Meersalz
- eventuell ätherisches Duftöl
- eventuell Lebensmittel- beziehungsweise Seifen- farbe
- eventuell getrocknete, zerriebene Blumen
- Etikettvorlage

Hier geht's zur Vorlage

m-vg.de/link/girlpower_09

Angeberwissen

Meersalz hilft dabei, entzündete und gerötete Hautstellen schneller zu heilen und Pickel loszuwerden.

1. Schmelze zunächst das Kokosfett in der Mikrowelle oder in einem Wasserbad.
2. Gib dann alle anderen Zutaten zu dem geschmolzenen Fett und verrühre alles gut, bis eine feste Masse entsteht. Gegen Ende kannst du die Masse mit der Hand durchkneten.
3. Gib die Masse in eine schöne Silikonform. Drücke dabei am besten eine Schicht nach der anderen fest, damit deine Badebombe später nicht zerbröselt. Falls du keine Silikonform zu Hause hast, kannst du auch kleine, feste Kugeln formen.

Für die Badebomben brauchst du:

- 100 g Natron
- 50 g Zitronensäure in Pulverform
- 20 g Speisestärke
- 40 g Kokosfett
- eventuell ätherisches Duftöl
- eventuell Lebensmittel- beziehungsweise Seifenfarbe
- eventuell getrocknete, zerriebene Blumen

4. Lass die Badebombe mindestens 1 bis 2 Stunden im Kühlschrank aushärten, bevor du sie vorsichtig aus der Form drückst. Gib die Badebombe entweder direkt ins heiße Wasser oder verpacke sie in einem Tütchen, um sie zu verschenken.

Call me maybe

Bestimmt schreiben deine BFF und du euch ständig, aber schreiben ist eben nicht das Gleiche wie quatschen. Also ruf deine BFF stattdessen doch mal wieder an, um mit ihr zu telefonieren. Du wirst gar nicht merken, wie schnell die Zeit vergeht!

Und falls du während des Telefonierens auch gerne mal ein bisschen herumkritzelst, ist hier Platz dafür.

Heute soll es Konfetti regnen

1. Traditionell wollen viele das neue Jahr mit einem großen Knall und Feuerwerk begrüßen. Doch neben all den bunten Lichtern und dem lauten Knallen kann auch ein leiser Konfettiregen ein toller Start ins neue Jahr sein.

Du brauchst:

- Bastelvorlagen
- Klopapierrolle
- Luftballon
- unteren Teil der nächsten Seite
- Locher
- Kleber
- Schere

1. Knote einen Luftballon am Ende zusammen und schneide den oberen Teil ab.
2. Ziehe den zusammengeknoteten Teil des Luftballons über eine Seite einer Klopapierrolle und klebe ihn dort fest.
3. Beklebe die Klopapierrolle mit der Vorlage.

4. Schneide den unteren Teil dieser Seite ab, um daraus mit einem Locher Konfetti aus- zustanzen. Für noch mehr Konfetti drucke dir die letzten Seiten der Vorlage aus.

5. Fülle das Konfetti in die Klopapierrolle.

6. Halte die Klopapierrolle mit dem offenen Ende nach vorne und ziehe am Luftbal- lonende. Sobald du den Luftballon loslässt, regnet es Konfetti. Yeay!

Hier geht's zu
Vorlage und Video

m-vg.de/link/girlpower_43

Wenn dir die Haare mal wieder zu Berge stehen

Deine Haare sind mal wieder so elektrostatisch aufgeladen, dass sie einfach in alle Richtungen stehen, statt glatt anzuliegen? Dann zieh einfach ein Abschminktuch über deine Bürste und kämm dir so die Haare. Damit bändigst du deine Haare nicht nur für den Moment, sondern minimierst auch jede weitere elektrostatische Aufladung über den Tag.

Durch die rosarote Brille

Du könntest im Winter eigentlich jeden Tag heiße Schokolade trinken?
Dann solltest du unbedingt auch mal pinke heiße Schokolade ausprobieren!
Die sieht nämlich nicht nur supersüß aus, sondern schmeckt auch himmlisch.

Du brauchst:

- 75 g Tiefkühlerdbeeren
- 50 g weiße Schokolade
- 200 ml Milch
- Mini-Marshmallows und Streusel zum Verzieren

1. Fülle die Milch in einen Topf und erwärme sie auf mittlerer Stufe, ohne sie zum Kochen zu bringen.
2. Gib dann die weiße Schokolade hinzu, um sie in der warmen Milch zu schmelzen.
3. Während du die Schokolade schmilzt, kannst du die Erdbeeren schon mal im Mixer pürieren.
4. Sobald keine Schokostückchen mehr in der Milch sind, gibst du die warme Schokomilch zu den Erdbeeren in den Mixer, um dort noch einmal alles gut durchzumischen.
5. Danach kannst du deine pinke heiße Schokolade auch schon in ein schönes Glas füllen und mit Mini-Marshmallows und Streuseln verzieren.

Pink Hot Chocolate

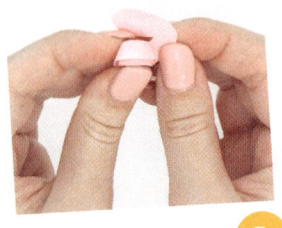

Roses are red ...

Manchmal ist es einfach an der Zeit, einer besonderen Person auch etwas Besonderes zu schenken. So kannst du etwas zurückgeben und zeigen, wie wundervoll er beziehungsweise sie ist. Und da Blumen manchmal mehr als 1000 Worte sagen, ist diese Karte für so einen Anlass genau das Richtige.

Hier geht's zu Vorlage und Video

m-vg.de/link/girlpower_45

Du brauchst:

- Kleber
- Schere
- Papier
- Tonpapier
- Zahnstocher
- Bastelvorlage

Step 1 : Die Blumen

1. In der Vorlage findest du verschiedene Spiralen. Drucke deine Lieblingsspirale auf buntem Papier aus und schneide sie dann sorgfältig aus. Je größer dein Herz ist, desto mehr Spiralen wirst du brauchen. Die Spiralen werden die Blüten, also wähle das bunte Papier entsprechend aus.
2. Bestreiche den Beginn der Spirale mit Kleber und rolle sie mithilfe eines Zahnstochers auf.
3. Wenn du das erste Stück eingerollt hast, kannst du das nächste mit Kleber bestreichen und weiter einrollen.
4. Wiederhole das immer wieder, bis du am Ende der Spirale angekommen bist. Klappe den letzten Teil der Spirale unter die Blume und klebe ihn dort fest.

Step 2: Die Karte

1. Falte ein festes Tonpapier in der Mitte.
2. Schneide ein Herz daraus aus. Achte dabei darauf, die Stellen, an denen das Herz die Faltkante berührt, auszusparen, damit die beiden Herzen zusammengehalten werden.
3. Nun kannst du die Vorderseite deiner Herzkarte mit deinen gedrehten Papierblumen bekleben. Je dichter du die Blumen klebst, desto toller sieht es am Ende aus.

Step 3: Die Halterung

1. Damit deine Karte am Ende wie ein echtes Blumenbouquet aussieht, fehlt noch eine Halterung. Dafür schneidest du ein weiteres Herz aus, das genauso groß ist wie das Herz deiner Karte.
2. Nun drehst du das Herz mit der Spitze nach oben und faltest die beiden runden Herzenden zur Mitte, um sie dort aneinanderzukleben. So entsteht eine kleine Tasche, in die du deine Rosen-Herz-Karte stecken kannst.

Meine Weihnachtswunschliste

_____

_____

_____

_____

_____

Egal, ob du im Moment wunschlos glücklich bist oder ob dir gleich mehrere Weihnachtswünsche einfallen - hier ist Platz, um all deine Wünsche zu sammeln. Nimm dir dafür ruhig ein paar Tage Zeit.

So sehe ich mich selbst

Manchmal ist es gar nicht so leicht, sich selbst richtig einzuschätzen. Nimm dir einen Moment Zeit und überlege, wie sehr diese Eigenschaften von 1 bis 5 auf dich zutreffen. Sei ruhig ehrlich, denn nur wer seine Schwächen kennt, kann an ihnen arbeiten, um sie zu Stärken zu machen.

Ich bin ...

1: Trifft nicht zu
5: Trifft vollkommen zu

	1	2	3	4	5			1	2	3	4	5
mutig							neugierig					
ehrgeizig							verletzlich					
hilfsbereit							ehrlich					
geduldig							ordentlich					
offen für Neues							perfektionistisch					
kreativ							reizbar					
verrückt							nachtragend					

Soft as a Marshmallow

Wenn mal wieder nicht genug Schnee liegt, um draußen einen richtig schönen Schneemann zu bauen, kannst du zumindest einen süßen kleinen Schneemann aus Marshmallows für deine heiße Schokolade basteln.

Du brauchst:

- 3 Marshmallows
- 3 Salzstangen/ Mikadostäbchen
- Schokoschrift
- 1 oranges Gummi- bärchen
- Zahnstocher

1. Spieße drei Marshmallows auf eine Salzstange auf, sodass die flachen Seiten aneinanderliegen. Damit die Salzstange nicht abbricht, kannst du schon mal ein Loch mit einem Zahnstocher vorstechen.

2. Stecke dann in das unterste Marshmallow zwei Salzstangenstückchen als Füße und in das mittlere Marshmallow zwei Salzstangenstückchen als Arme.

3. Male dem Schneemann nun noch drei Punkte als Knöpfe auf die beiden unteren Marshmallows und ein Gesicht auf das oberste. Die Nase kannst du einfach aus einem orangen Gummibärchen ausschneiden.

4. Schon hast du einen supersüßen Marshmallow-Schneemann, der in deiner heißen Schokolade baden kann.

Schleifenliebe

Du hast keine Lust mehr auf die immer gleichen, langweiligen Frisuren? Dann probier doch mal etwas komplett Neues aus. Wie wäre es zum Beispiel mit einer süßen Schleife aus deinen eigenen Haaren?

Und so funktioniert es:

1. Mach dir einen hohen Pferdeschwanz.
2. Lege den Pferdeschwanz von hinten nach vorne über einen Finger.
3. Befestige den Zopf dann mit einem Haargummi, sodass ein kleiner Dutt entsteht.
4. Teile diesen Dutt nun in zwei Teile.
5. Lege die übrigen Haare zwischen den beiden Dutthälften von vorne nach hinten und befestige alles mit Haarklammern. Die übrigen Haare, die immer noch heraushängen, kannst du später unter den Schleifenseiten verstecken.
6. Zupfe die beiden Dutthälften in eine Schleifenform und stecke sie am Kopf jeweils mit einer Haarklammer fest.
7. Fixiere zum Schluss dein Kunstwerk mit ein bisschen Haarspray und fertig ist eine supersüße Frisur!

Sobald du fertig bist, kannst du ein Bild mit deiner Haarschleife machen und es hier einkleben. Wenn du möchtest, kannst du das Bild natürlich auch auf Instagram teilen. Vergiss dabei nicht #teamunqiue und #100girlpower.

Hier geht's zum Video

m-vg.de/link/girlpower_49

#teamunique
#100girlpower

216

Und das ist für ...

Bei all den Geschenken kann man schon mal den Überblick verlieren, wer was bekommt. Schneide diese Geschenkanhänger aus, beschrifte sie direkt nach dem Einpacken und hänge sie an die Geschenke. So weißt du immer, für wen welches Geschenk ist!

Solltest du noch mehr Geschenke haben, kannst du dir online jederzeit weitere Anhänger ausdrucken.

m-vg.de/link/girlpower_51

Immer dieser Weihnachtsstress!

Oje, du bist mal wieder knapp mit dem einen oder anderen Weihnachtsgeschenk dran? Kein Problem, denn ein Gutschein geht immer. Schneide die Gutscheinvorlagen aus und trage ein, für wen und für was der Gutschein sein soll.

★ Gutschein ★

für ————————————————

von ————————————————

über ————————————————

★ Gutschein ★

für ————————————————

von ————————————————

über ————————————————

Kuschelig warm!

Brrrr, ist das kalt! Falls auch deine Finger schnell kalt werden, ist dieses DIY genau richtig für dich. Da man mit Handschuhen viele Sachen nicht richtig greifen, geschweige denn das Handy benutzen kann, kannst du dir superschnell aus Kuschelsocken flauschige Handschuhe ohne Finger machen.

Du brauchst:

- Kuschelsocken
- Schere

1. Schneide zunächst die Spitzen der Socken ab.
2. Schneide dann ein kleines Stück aus der Ferse raus.
3. Falte die Socken dann einmal von unten nach oben, damit es an den Handgelenken besonders warm wird.
4. Außerdem kannst du die Socken auch noch von oben nach unten falten, um einen größeren Teil deiner Finger frei zu haben.
5. Ziehe die Kuschelsockenhandschuhe über die Finger und stecke dabei deinen Daumen durch das Fersenloch und die restlichen Finger durch das große Loch. Je nach Bedarf kannst du die Handschuhe nun auseinanderziehen, um deine kompletten Finger und einen Teil deines Unterarms zu bedecken oder zusammenrollen, damit nur die Fingerknöchel und das Handgelenk bedeckt sind. So kann der Winter kommen!

Ups & Downs

Jedes Jahr besteht aus Höhen und Tiefen und es gibt immer Momente, die dich glücklich machen, aber auch Situationen, die dich zum Weinen bringen. Nimm dir heute mal Zeit, um an das letzte Jahr zurückzudenken. Denk an all die schönen Tage und sieh dabei auch, welche schwierigen Situationen du gemeistert hast. Schreib nach und nach sowohl die schönsten als auch die blödesten Momente auf. Dabei wirst du merken, wie viele tolle Tage du dieses Jahr erleben durftest!

Die etwas andere Freundesliste

Du verbringst so viel Zeit mit deinen Freunden, doch hast du schon einmal eine Freundschaftsliste gemacht? Trage dafür die Namen deiner besten Freunde in die Tabelle ein und fülle nach und nach die Felder aus.

Name	Spitzname	3 Wörter, die diese Person beschreiben	Bestes gemeinsames Erlebnis
		1. 2. 3.	
		1. 2. 3.	
		1. 2. 3.	
		1. 2. 3.	
		1. 2. 3.	
		1. 2. 3.	
		1. 2. 3.	

Neues Jahr, neues Ich?!

Kleiner Tipp:

Nimm dir lieber weniger vor und halte dafür all deine Vorsätze ein.

Obwohl du eigentlich das ganze Jahr über neue Vorsätze fassen und etwas ändern kannst, steht der Beginn des neuen Jahres immer auch für neue Chancen. Also überlege dir, was du nächstes Jahr ändern oder erreichen willst.

_____

_____

_____

_____

_____

_____

_____

_____

_____

_____

_____

_____

_____

Kostümparty

Fasching steht vor der Tür und damit ist es an der Zeit, dass du dir Gedanken über dein Kostüm machen solltest. Es soll schließlich richtig schön und vor allem einzigartig werden. Also lass deiner Kreativität freien Lauf und zeichne hier dein Traumkostüm.

Psst!

Falls dir noch eine Idee fehlt, schau doch mal auf Seite 228 nach.

In der Weihnachtsbäckerei!

Riechst du diesen wundervollen Weihnachtsduft nach Lebkuchen? Nein? Dann wird es allerhöchste Zeit, selbst ein paar Lebkuchen in der Weihnachtsbäckerei zu backen!

Lebkuchen

Für deine Lebkuchen brauchst du:

- 400 g Mehl
- 100 g gemahlene Mandeln
- 125 g Puderzucker
- 200 g flüssigen Honig
- 100 g Butter
- 2 Eier
- 2 EL Kakaopulver
- 1 Päckchen Backpulver
- 2 TL Lebkuchengewürz

Für die Deko brauchst du:

- 40 g Puderzucker
- 20 ml Wasser
- Streusel
- 1 kleine Tüte

1. Gib alle Zutaten in eine Schale und verknete sie dann gut.
2. Forme den Teig zu einer großen Kugel, die du dann in Frischhaltefolie einwickelst und über Nacht in den Kühlschrank legst.
3. Rolle den Teig am nächsten Tag aus und steche deine Lieblingslebkuchenformen aus.
4. Backe deine Lebkuchen nun 8 bis 10 Minuten bei 150°C Umluft.
5. Während die Lebkuchen abkühlen, kannst du schon einmal den Puderzucker mit etwas Wasser anrühren, sodass eine dickflüssige Glasur entsteht.
6. Die fertige Glasur kannst du dann mit einer Tüte, von der du eine Spitze abschneidest, auf die Lebkuchen spritzen. Wenn du möchtest, kannst du sie auch noch mit ein paar Streuseln verzieren und den Lebkuchenmännchen so zum Beispiel ein Gesicht oder Knöpfe geben.

Beste-Freundinnen-Vertrag

Beste Freundinnen sind immer füreinander da, aber was ist euch in eurer Freundschaft noch besonders wichtig? Wollt ihr zum Beispiel gemeinsam verrückte, lustige und wunderschöne Erinnerungen schaffen? Oder wollt ihr später einmal die Trauzeugin der jeweils anderen sein? Haltet all diese Versprechen in einem gemeinsamen BFF-Vertrag fest und unterschreibt ihn am Ende.

Beste-Freundinnen-Vertrag

Wir, _____ und _____

versprechen hoch und heilig, _____

_____

_____

_____

_____ , den _____   _____ , den _____

_____   _____

Unterschrift   Unterschrift

Pillow Fight

Kissenschlachten gibt es nur in Filmen? Sicher nicht! Also schnapp dir ein paar weiche Kissen, such dir einen Gegner oder eine Gegnerin und schon kann die große Kissenschlacht beginnen. Das wird bestimmt ein wilder Spaß! Hier kannst du übrigens noch eintragen, wer dein Gegner war.

Plätzchenzeit

Manche Plätzchen sind solche Kunstwerke, dass man sich gar nicht traut, sie zu essen. Und tatsächlich ist Plätzchendekorieren gar nicht so einfach. Bei diesen Plätzchen kannst du dich so richtig austoben und schon mal ein paar Dekorationsideen sammeln, die du später auf den echten Plätzchen umsetzen kannst.

Home-Spa-Day

Manchmal muss man sich selbst eine kleine Auszeit mit einer entspannenden Gesichtsmaske gönnen, um den Alltag und den Stress zu vergessen. Nichts leichter als das, denn mit diesen Lebensmitteln kannst du dir eine pflegende und lecker duftende Gesichtsmaske zaubern.

Für die Gesichtsmaske brauchst du:

- 3 EL Backkakaopulver
- 3 EL flüssige Sahne
- 2 EL Honig
- 2 EL fein gemahlenes Hafermehl/Haferflocken

1. Mische alle Zutaten in einer kleinen Schale.
2. Reinige dein Gesicht mit warmem Wasser und trage die Maske auf der Haut auf. Spare unbedingt deine Augen und den Mund aus.
3. Nach 15 bis 20 Minuten kannst du die Maske mit warmem Wasser abwaschen und deine Haut mit deiner Gesichtscreme pflegen.

Gesichtsmaske

You are Mermaizing!

Zu Fasching kannst du nicht nur tolle Kostüme anziehen und dich verkleiden, sondern auch ausgefallene Make-up-Looks ausprobieren. Selbst wenn Verkleiden nicht so dein Ding ist, kannst du mit dem richtigen Faschings-Make-up jedes Outfit zum Kostüm machen. Also sei mutig und erfinde dich neu! Wie wäre es zum Beispiel mit einem tollen Meerjungfrauen-Look?

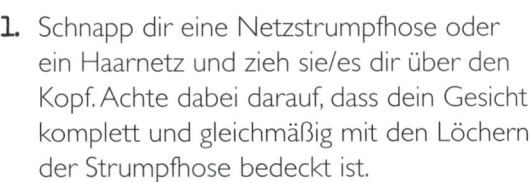

Du brauchst:

- 1 Netzstrumpfhose
- Lidschatten in verschiedenen Farben
- verschiedene Pinsel
- eventuell Hautglitzer
- Lippenpflege

1. Schnapp dir eine Netzstrumpfhose oder ein Haarnetz und zieh sie/es dir über den Kopf. Achte dabei darauf, dass dein Gesicht komplett und gleichmäßig mit den Löchern der Strumpfhose bedeckt ist.
2. Nimm einen großen Pinsel und tupfe damit am Haaransatz und bis zu den Wangenknochen dunklen Lidschatten, zum Beispiel in Pink oder Weinrot auf. Streiche auf keinen Fall hin und her, damit sich die Netzstrumpfhose nicht verschiebt.
3. Tupfe nun bis zu den Augenbrauen, über die Nase und auf die Wangen eine zweite, hellere Lidschattenfarbe auf.

4. Wenn du möchtest, kannst du für den Meerjung-frauenschimmer nun auch noch etwas Glitzer-schminke über alles tupfen. Zieh danach vorsichtig die Netzstrumpfhose ab, um das tolle Netzmuster zu sehen, das so entstanden ist.

5. Optional kannst du jetzt mit den gleichen beiden Farben auch noch deine Augenlider schminken.

6. Damit deine Lippen zum Meerjungfrauen-Make-up passen, kannst du etwas Lippenpflege auftragen, um einen der beiden Lidschatten auf die Lippen zu tupfen.

7. Abschließend kannst du noch ein bisschen Mascara auftragen und schon hast du im Handumdrehen ein richtig tolles Meerjung-frauen-Make-up gezaubert, das nach viel Arbeit aussieht.

8. Für den finalen Meerjungfrauen-Look kannst du dir noch ein paar Wellen machen, ein schönes Glitzeroutfit anziehen und eventu-ell sogar eine Krone aufsetzen. Also, wenn das mal nicht absolut mermaizing ist!

Meerjungfrauen-Make-up

Hier geht's zum Video

m-vg.de/link/girlpower_48

Verflixt und zugeschnürt

Vielleicht hast du auch einen Pulli, den du eigentlich echt gerne tragen würdest, wenn er nicht so weit und langweilig wäre. Statt den Pulli direkt auszumisten, kannst du ihn erst mal mit zwei Bändern aufpimpen, um ihm eine zweite Chance zu geben.

Hier geht's zum Video

m-vg.de/link/girlpower_50

Du brauchst:

- Büroklammern
- Pulli
- 2 Bänder

1. Binde die beiden Enden der Bänder jeweils an einer Büroklammer fest.
2. Stecke die Büroklammern unter dem Arm des Pullis links und rechts jeweils circa eine Handbreit von der Naht entfernt von außen nach innen in den Pulli.
3. Kreuze die beiden Bänder innen und ziehe sie dann mithilfe der Büroklammern einige Zentimeter von den vorherigen Einstichstellen wieder nach außen. Kreuze die Bänder auch hier und ziehe sie einige Zentimeter unterhalb der Austrittsstellen wieder nach innen.
4. Wiederhole diesen Schritt, bis du am Saum des Pullis angekommen bist, wo du die beiden Enden mit einer Schleife verknoten kannst.
5. Sobald du auch die andere Seite des Pullis mit dem Band verziert hast, kannst du ihn direkt anprobieren. Megacool und überhaupt nicht mehr langweilig!

Emoji-Designer

Sicher hast du schon öfter nach einem Emoji gesucht, das es nicht gab, oder du hättest am liebsten zwei Emojis zu einem kombiniert. Dann ist hier deine Chance! Lass deiner Kreativität freien Lauf und designe Emojis, die es unbedingt geben sollte.

○ ○ ○ ○ ○

Komplimente über Komplimente

Dich kostet ein kleines, ehrlich gemeintes Kompliment nichts außer etwas Überwindung, doch anderen kannst du damit eine riesige Freude machen. Also mach heute mindestens drei Leuten ein Kompliment und schreibe sie hier auf.

Wie auf Wolke sieben

Hast du dich schon mal gefragt, wie Wolken schmecken? Luftig und weich müssten sie sein, süß sollten sie schmecken und auf der Zunge zergehen.
Aber probier es am besten selbst, und zwar mit diesem Cloud Bread!

Du brauchst:

- 2 Eiweiß
- 2 EL Zucker
- 1 EL Maisstärke
- 3 Tropfen Vanillearoma
- Lebensmittelfarbe

1. Trenne zwei Eier, gib das Eiweiß in eine Schale und schlag es richtig schaumig.
2. Gib nun den Zucker, die Maisstärke und das Vanillearoma dazu und schlage die Masse weiter, bis sie relativ fest wird.
3. Wenn du möchtest, kannst du dein Cloud Bread jetzt noch mit etwas Lebensmittelfarbe einfärben, bevor du es auf ein mit Backpapier ausgelegtes Backblech in einer Form deiner Wahl aufträgst. Der Teig sollte dabei circa 5 cm hoch aufgeschichtet werden.
4. Backe dein Cloud Bread dann 30 Minuten bei 150 °C Umluft und lass es noch kurz abkühlen, bevor du probierst.

Cloud Bread

But first tea!

An einem kalten Wintertag gibt es doch nichts Schöneres als eine heiße Tasse Tee oder einen warmen Kakao. Und da genug zu trinken wichtig ist, kannst du hier ausmalen, wie viele Tassen Tee oder Kakao du heute schon getrunken hast.

Lass mal was springen

So toll diese kleinen Haargummis auch sind, so schwer gehen sie am Ende des Tages wieder aus den Haaren raus. Ohne ein paar ausgerissene Haare ist das kaum möglich, oder? Doch, denn mit diesem Trick wirst du die Minihaargummis ganz einfach wieder los. Nimm dir ein Fläschchen mit Zitronen-Aromaöl und gib jeweils einen Tropfen auf die kleinen Haargummis. Schon kurze Zeit später werden die Haargummis einfach aufspringen, sodass du sie ganz leicht aus den Haaren ziehen kannst. Und ganz nebenbei haben deine Haare so ein biss-chen Pflege bekommen und duften nach Zitrone.

Auflösung

Feuer, Wasser, Erde, Luft (Seite 32)

Du hast am häufigsten Auswahlmöglichkeit a) angekreuzt.

Dein Element ist Erde.

Du bist bodenständig, zuverlässig und geduldig. Außerdem verfügst du über großes Durchhaltevermögen, was dir nicht nur in der Schule, sondern auch in schwierigen Situationen helfen kann.

Du hast am häufigsten Auswahlmöglichkeit b) angekreuzt.

Dein Element ist Luft.

Du bist neugierig und probierst gerne neue Sachen aus. Außerdem bist du extrem optimistisch und kreativ. Durch die Kombination dieser Eigenschaften halten dich einige deiner Freunde für ein bisschen verrückt.

Du hast am häufigsten Auswahlmöglichkeit c) angekreuzt.

Dein Element ist Feuer.

Du sagst ehrlich, was du denkst. Dabei ist es egal, ob andere der gleichen Meinung sind oder nicht. Für diesen Mut, zu deiner Meinung zu stehen, bewundern dich andere sehr.

Du hast am häufigsten Auswahlmöglichkeit d) angekreuzt.

Dein Element ist Wasser.

Du bist einfühlsam und emotional. Dadurch spürst du schnell, wenn es anderen nicht gut geht. Dank deiner verständnisvollen Art kümmerst du dich immer wieder um andere.

Finde deinen eigenen Weg! (Seite 108)

Wer bin ich? (Seite 76)

1-5 Punkte: Die Verrückte

Du liebst es, mit deiner Art aufzufallen, und bist für jeden Spaß zu haben. Doch da verrückt sein alleine nur halb so lustig ist, umgibst du dich immer gerne mit vielen Leuten. Ganz gleich ob in der Schule, bei einer Feier oder beim Sport, du bist nicht nur gerne dabei, sondern am liebsten auch noch im Mittelpunkt des Geschehens.

6-10 Punkte: Die Ehrgeizige

Du kennst deine Ziele und du weißt, wie du sie erreichen kannst. Lernen oder Hausaufgaben sind für dich keine Aufgaben, die erledigt werden müssen, sondern etwas, das du gerne tust. Denn was gibt es Schöneres, als alle Punkte von der To-do-Liste abgehakt zu haben und dann den Abend mit Freunden zu genießen?

11-15 Punkte: Die Verständnisvolle

Du hast immer ein offenes Ohr und versuchst jedem zu helfen, wo du nur kannst. Besonders gerne unterstützt du deine Freunde, die deine verständnisvolle Art zu schätzen wissen. Vergiss aber nicht, auch ab und an mal an dich selbst zu denken, denn auch du bist wichtig.

16-20 Punkte: Die Schüchterne

Du bist zurückhaltend, ruhig und schüchtern. Auffallen ist überhaupt nicht dein Ding und vor allem, wenn du neue Leute kennenlernst, wartest du lieber erst einmal ab, bevor du dich ihnen öffnest. Doch wenn du dich bei jemandem wohlfühlst, kannst du wirklich stundenlang mit demjenigen quatschen.

Sportskanone oder Couch-Potato (Seite 83)

3-4 links: Couch-Potato

Du gehörst definitiv zum Team Couch-Potato, denn Sport ist einfach nicht dein Ding. Vielleicht hast du auch noch nicht die richtige Sportart für dich gefunden. Google doch einfach mal, welche Sportarten es gibt – vielleicht ist ja eine dabei, die du gerne mal testen würdest.

2 rechts, 2 links: Mal so, mal so

An manchen Tagen bist du eine echte Sportskanone voller Energie und an anderen liegst du am liebsten mit Schokolade oder einer Tüte Chips auf dem Sofa. Aber das hast du dir auch verdient, denn wie sagt man so schön: Die Mischung macht's!

3-4 rechts: Sportskanone

Du bist eine echte Sportskanone, die immer Vollgas gibt und am liebsten an keinem Tag auf Sport verzichten würde. Gönn dir auch mal eine kleine Auszeit, in der du ganz entspannt deine Lieblingsserie schaust oder ein gutes Buch liest.

Movie Star! (Seite 144)

0-5: Die Geheimagentin

In einem Film würdest du eine Geheimagentin spielen, die die illegalen Machenschaften böser Menschen aufdeckt, um sie endlich hinter Gitter zu bringen.

6-10: Der Superstar

In einem Film wärst du eine begabte Sängerin und/oder Tänzerin, die sich zu einem echten Superstar hocharbeitet und so schließlich alle mit ihrem Talent begeistern kann.

11-15: Die Superheldin

In einem Film würdest du eine Superheldin spielen, die im Alltag eher unscheinbar ist. Doch wenn deine Hilfe gebraucht wird, entfalten sich deine Superkräfte, mit denen du Menschen in Not helfen kannst.

16-20: Die Prinzessin

In einem Film wärst du eine echte Prinzessin, die nicht nur wunderschöne Kleider trägt und in einem Schloss lebt, sondern mit ihrer wundervollen Art auch alle verzaubert.

Malen nach Zahlen! (Seite 126)

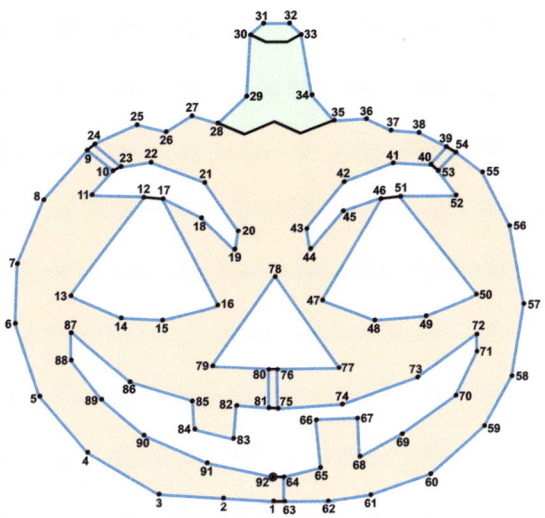

Welche Disney-Prinzessin bist du? (Seite 200)

0-5 Punkte: Du bist gutherzig wie Belle

Genau wie Belle bist du nicht nur unglaublich gutherzig, sondern auch sehr lie-
bevoll. Du weißt, dass nicht das Aussehen, sondern der Charakter das wichtigste
an einem Menschen ist und dass jeder eine Chance verdient.

6-10 Punkte: Du bist fleißig wie Cinderella

Genau wie Cinderella bist auch du stets fleißig dabei, für deine Ziele zu kämpfen
und anderen zu helfen. Egal, wie schwer es manchmal auch sein mag, du gibst
nicht auf, denn du weißt, dass bessere Tage kommen werden.

11-15 Punkte: Du bist unabhängig wie Elsa

Genau wie Elsa kannst auch du auf andere manchmal distanziert und kühl wirken. Doch sobald du jemandem vertraust, öffnest du dich dieser Person und
dein weicher Kern voller Liebe kommt zum Vorschein.

15-20: Du bist mutig wie Mulan

Genau wie Mulan nutzt du deinen Mut, um für dich, deine Überzeugungen und
auch andere einzustehen. Denn du glaubst an dich selbst und weißt, dass du
nicht wie alle anderen sein musst, um akzeptiert zu werden.

Meine Notizen

Bibliografische Information der Deutschen Nationalbibliothek
Die Deutsche Nationalbibliothek verzeichnet diese Publikation in der Deutschen Nationalbibliografie.
Detaillierte bibliografische Daten sind im Internet über http://dnb.d-nb.de abrufbar.

Für Fragen und Anregungen
info@rivaverlag.de

Wichtiger Hinweis
Ausschließlich zum Zweck der besseren Lesbarkeit wurde auf eine genderspezifische Schreibweise sow
eine Mehrfachbezeichnung verzichtet. Alle personenbezogenen Bezeichnungen sind somit geschlecht
neutral zu verstehen.

Originalausgabe
1. Auflage 2021
© 2021 by riva Verlag, ein Imprint der Münchner Verlagsgruppe GmbH
Türkenstraße 89
80799 München
Tel.: 089 651285-0
Fax: 089 652096

Redaktion: Annett Stütze
Umschlaggestaltung und Layout: Karina Braun
Umschlagabbildungen: Shutterstock.com/Artnis, Cute little things, SF Stock
Abbildungen im Innenteil: Saskia Bidell; Shutterstock.com/Agus Mul, marumayfay, aommaneesri, nataniki,
yugoro, Victoria Sergeeva, EmBaSy, krissikunterbunt, NadzeyaShanchuk, lineartestpilot, Neizu,
KUMASTUDIO, karawan, DStarky, Merkushev Vasiliy, Nuch Rp, ViSnezh, Orfeev, Kate Garyuk, Eroshka
drgaga, Rana Des, MaryDesy, Innart, Vasilyeva Larisa, OlgaChernyak, suesse, Epine, nemlaza, David
Slezak, Sabuhi Novruzov, Nutkins.J, Kireeva Veronika, YegoeVdo22, lukpedclub, Hilch, IXIES, 4LUCK,
Nadezda Barkova, attached, Semiankova Inha, Lida Bu, Rodin Anton, Artnis, Alenka Karabanova, Pixel
Embargo, Skorobogatova, Helen Stebakov, Afanasia, Curly Pat, SF Stock, Vlada Young, WEB-DESIGN,
sakurajia, solar lady, ilnazgilov, MSNTY, Angelina Bambina, kristofer._.davidson, VGstockstudio
Abbildungen auf den Bastelvorlagen: Shutterstock.com/SF Stock, hchjjl, OlgaBerlet, Gabriyel Onat,
orangeberry, Gorbash Varvara, Alya_myart, Ron Dale, Rebellion Works, SunshineVector, Olga_
Angelloz, The_Believer_art
Satz: inpunkt[w]o, Haiger (www.inpunktwo.de)
Druck: Graspo CZ, Tschechische Republik
Printed in the EU

ISBN Print 978-3-7423-1762-9

**Wir produzierer
nachhaltig**
www.m-vg.de

Weitere Informationen zum Verlag finden Sie unter

www.rivaverlag.de

Beachten Sie auch unsere weiteren Verlage unter www.m-vg.de